SÉRIE FUNDAMENTOS DA SOCIOLOGIA

Introdução à Sociologia de Max Weber

[Ricardo Rodrigues Alves de Lima
e Ana Carolina S. Ramos e Silva]

Rua Clara Vendramin, 58
Mossunguê . Curitiba . Paraná . Brasil
CEP 81200-170
Fone: (41) 2106-4170
www.intersaberes.com
editora@editoraintersaberes.com.br

EDITORA intersaberes

[Conselho editorial]
Dr. Ivo José Both (presidente)
Drª Elena Godoy
Dr. Nelson Luís Dias
Dr. Neri dos Santos
Dr. Ulf G. Baranow

[Editora-chefe] Lindsay Azambuja

[Supervisora editorial] Ariadne Nunes Wenger

[Analista editorial] Ariel Martins

[Análise de informação] Wlader Bogarin

[Revisão de texto] Alex de Britto Rodrigues

[capa] Raphael Bernadelli

[Projeto gráfico] Bruno de Oliveira

[Iconografia] Danielle Scholtz

Dados Internacionais de Catalogação na Publicação (CIP)
(Câmara Brasileira do Livro, SP, Brasil)

Lima, Ricardo Rodrigues Alves de
 Introdução à sociologia de Max Weber/Ricardo Rodrigues Alves de Lima, Ana Carolina Silva Ramos e Silva. 1. ed. Curitiba: InterSaberes, 2012.
 (Série Fundamentos da Sociologia)
 Bibliografia.
 ISBN 978-85-8212-267-9

 1. Ciência 2. Sociologia 3. Valor 4. Weber, Max, 1864-1920 I. Silva, Ana Carolina Silva Ramos e II. Título III. Série.

12-08814   CDD-301

Índices para catálogo sistemático:
1. Weber, Max: Teorias: Sociologia 301

1ª edição, 2012.
Foi feito o depósito legal.
Informamos que é de inteira responsabilidade dos autores a emissão de conceitos.
Nenhuma parte desta publicação poderá ser reproduzida por qualquer meio ou forma sem a prévia autorização da Editora InterSaberes.
A violação dos direitos autorais é crime estabelecido na Lei n. 9.610/1998 e punido pelo art. 184 do Código Penal.

Sumário

Introdução, 11

[1] O contexto histórico de formação
da sociologia de Max Weber, 13
A Alemanha na época de Weber:
da unificação à tentativa de reconstrução, 15

[2] Max Weber: influências intelectuais, 41

[3] Idealismo e materialismo, 57
Weber: idealista ou materialista?, 61

[4] Fundamentos da sociologia
compreensiva de Max Weber, 73
Teoria da ação social, 74
O objeto da sociologia: a ação social, 76
O instrumento para a interpretação sociológica: o tipo ideal, 79
Sociologia e compreensão, 85
Tipos de ação social e tipos de dominação, 94

[5] A objetividade do conhecimento
nas ciências sociais, 127

[6] Racionalidade, racionalização, desencantamento do mundo e secularização, 145
Racionalidade, racionalização e intelectualização, 147
Desencantamento do mundo e secularização, 156
Sociologia e liberdade, 162

[7] Weber e o Brasil, 173

Referências, 187

Respostas, 191

Nota sobre os autores, 203

*É fraqueza não encarar de frente
o severo destino do tempo em que se vive.*
Max Weber

Apresentação

O objetivo deste trabalho é demonstrar, através da sociologia compreensiva de Weber, o raciocínio sociológico voltado à interpretação da realidade humana. Desejamos que não apenas os estudantes dos cursos de ciências sociais – antropologia, ciência política e sociologia – possam familiarizar-se com ele, mas também estudantes de outros cursos, tendo em vista que o conhecimento sociológico deve ser democratizado e disponibilizado a todos os que querem algo socialmente. Por ser proposto como uma ferramenta para o entendimento dos dilemas do mundo contemporâneo, pelo estudo das relações de trabalho, de gênero, da cultura, da economia ou da política, o conhecimento sociológico tem uma vocação pública e sua melhor tradição nunca se furtou a esse papel. Nenhum trabalho sobre o tema deve deixar de levar esse aspecto em consideração.

No intuito de favorecer a percepção dessa conexão entre sociologia e realidade, organizamos a exposição do livro de modo a propiciar ao leitor inicialmente uma familiarização com os aspectos históricos que marcaram a sociologia de Weber.

Assim, no primeiro capítulo do livro, demonstramos como essa teoria sociológica desenvolveu-se por meio da tentativa de compreender dilemas, desafios e tendências da época na qual viveu o autor. Após a contextualização histórica da obra, é feita nos dois capítulos seguintes uma referência às principais tendências das teorias filosófica, sociológica e histórica com as quais Weber dialogou e polemizou para construir uma linha de interpretação sociológica própria, a sociologia compreensiva.

Do quarto ao sexto capítulos, os principais do livro, são apresentados os aspectos propriamente teóricos e metodológicos da sociologia de Weber, com o objetivo de expor de modo mais didático possível os elementos que a constituem. No entanto, não há a intenção de simplificá-la, e sim, pelo contrário, de revelar sua complexidade. Por fim, no último capítulo, é feita uma breve referência ao uso de Weber para a compreensão do Brasil, de modo a mostrar as possibilidades de análise suscitadas por sua obra em nosso contexto.

Introdução
[...]

Em uma aula inaugural proferida no ano de 1950, o sociólogo e educador Florestan Fernandes dirigia-se à plateia com as seguintes palavras:

> *Até bem pouco tempo, a influência socialista mantivera na Sociologia a seguinte presunção: "somente quem quer algo socialmente, vê algo sociologicamente". Tomando-se em consideração as condições de existência social no mundo moderno, poderíamos completá-la, adiantando que a presunção alternativa não é menos verdadeira: "somente quem vê algo sociologicamente, quer algo socialmente". De fato, é de esperar-se que a educação pelas ciências sociais crie personalidades mais aptas a participações das atividades políticas, como estas se processam no mundo moderno. [...] A desobstrução do horizonte intelectual e a libertação dos efeitos sedativos da propaganda (e também da tradição, nas esferas em que esta consegue preservar sua influência), parecem ser condições primárias para a formação de controles pessoais da vida pública, em sociedades de organização político-social democrática.* (Fernandes, 1959, p. 300)

Concordando, em linhas gerais, com a afirmação acima, ressaltamos a você, leitor do presente trabalho, essa característica da sociologia, ou seja, seu papel na formação de pessoas capazes de analisar a dimensão pública dos problemas da vida social. O que, acreditamos, não está em contradição com o pensamento de Max Weber, que sempre enfatizou a importância da ciência para a ação responsável. Nesse sentido, acreditamos que é um autor cuja contribuição para o pensamento moderno é imprescindível e, portanto, sua leitura é fundamental.

Mas como deve ser feita essa leitura? Estamos diante de um autor clássico e o nosso pressuposto é o de que a sua produção sociológica deve ser lida como uma obra em aberto, podendo ser recriada e enriquecida com base nos questionamentos e na realidade de quem a interpreta. Assim, não deve ser lida como um simples conjunto de regras sociológicas por meio das quais podemos deduzir e interpretar a realidade humana. Portanto, apesar de a obra de Max Weber apresentar alguns conceitos que parecem ter uma aplicação mais geral, principalmente pela forma como foram utilizados por sociólogos posteriores a ele – como os tipos de ação social e os tipos de dominação –, o fundamental é não perder de vista o caráter aberto de sua obra.

O estudo da sociologia será rico a partir do momento em que pudermos dialogar com ela, inclusive de modo crítico, para entender os dilemas contemporâneos da vida social.

O contexto histórico de formação da sociologia de Max Weber
[Capítulo 1]

A reflexão sociológica não surgiu do acaso, e sim com base nas condições de existência da vida moderna, como tentativa de compreender as transformações históricas impulsionadas pela expansão do capitalismo industrial. É, portanto, filha da Idade Moderna, na qual, ao contrário da época feudal, "os homens deixam de considerar imutáveis as condições de vida que conhecem, tentando antes impor a sua vontade à realidade e imprimir ao futuro uma configuração conforme os seus desejos" (Giddens, 1994, p. 17). A sociologia, enquanto ciência, é proposta como uma das formas de consciência de um mundo marcado pelo transitório, no qual "tudo que é sólido se desmancha no ar", conforme a brilhante síntese de nossa época feita por Marx e Engels em 1848. Seu berço é a Europa industrial do século XIX.

No entanto, seria erro considerar a sociologia como uma forma homogênea de pensamento, pois, desde a sua formação, foi marcada pelas circunstâncias históricas, sociais e culturais específicas a cada país, pela particularidade do desenvolvimento capitalista em cada um deles. Nesse sentido, a sociologia que emerge na França não é idêntica àquela criada na Alemanha, embora tivessem problemas em comum a serem desvendados: o que mantém a estabilidade de uma sociedade, o que ocasiona mudanças em seu interior, quais as perspectivas humanas suscitadas pelo advento do capitalismo industrial, como esse sistema é perpetuado e tornado hegemônico.

Tendo esses pressupostos como ponto de partida, o presente capítulo tem como intuito demonstrar a situação concreta da Alemanha no final do século XIX e começo do século XX, época para a qual Weber dirigiu sua produção intelectual e em relação à qual demarcou todas as questões ligadas à sua sociologia. A reflexão de Weber é contemporânea de um período de intensas transformações na Alemanha que podem ser identificadas basicamente pela unificação política, pela consumação da transição do feudalismo ao capitalismo e pela imersão na disputa imperialista entre nações. Esses fatores traziam consigo uma série de novas questões de caráter político, econômico e cultural para os intelectuais alemães sobre as quais Max Weber refletiu profunda e criticamente, dando sua resposta intelectual através da constituição de uma sociologia compreensiva. Podemos dizer que a sociologia alemã de Max Weber "se constitui numa das mais altas formas de autoconsciência e autocrítica, produto de uma das maiores desagregações e reorganizações sociais, na transição do século XIX e XX" (Tragtenberg, 2006, p. 133). Vejamos, portanto, alguns aspectos históricos decisivos para a reflexão de Weber.

[1.1]
A Alemanha na época de Weber: da unificação à tentativa de reconstrução

Para fins didáticos, podemos estabelecer três momentos-chave na história da Alemanha na passagem do século XIX que nos auxiliam a visualizar o contexto da produção sociológica alemã: o período compreendido entre 1871 e 1888, quando Bismarck constituía a principal figura política do país; depois, aquele situado entre 1888 e 1918, marcado pela ascensão ao poder do último imperador da Alemanha, Guilherme II, pela saída de Bismarck do governo (1890) e derrota alemã na Primeira Guerra Mundial do século XX; e, de 1918 a 1920, quando teve início a República de Weimar, da qual Weber participaria até sua morte (1920).

No século XIX, a Alemanha tinha seu território totalmente dividido, constituindo-se em 39 principados. A Prússia e a Áustria eram os dois Estados mais importantes e a rivalidade entre eles denotava um dos principais fatores para a não unificação do território alemão. Além disso, a Alemanha não era constituída ainda como nação, tendo em vista que era composta de um agregado de Estados soberanos nada coesos. Tal situação seria alterada sob liderança de Bismarck, então primeiro-ministro da Prússia, que, aproveitando-se da posição dominante do Estado prussiano, acaba por realizar a unificação política alemã e criar o império alemão do qual se torna o primeiro Chanceler entre 1871 e 1890. Esse período iniciado em 1871 seria considerado como o Segundo *Reich* na história da Alemanha*.

Para Bismarck, o poder político deveria conduzir a economia e a sociedade. Colocando em prática essa perspectiva, Bismarck promoveu a consolidação interna e o desenvolvimento

---

*   *Reich*, em alemão, pode ser traduzido para o português como reino ou império. O período do **Sacro Império Romano-Germânico** (843-1806) é considerado como o do Primeiro *Reich*. Posteriormente, o regime nazista conduzido por Hitler (1933-1945) seria autointitulado *Terceiro Reich* alemão.

econômico da Alemanha sustentados pela criação e fortalecimento de uma particular e moderna estrutura burocrática no interior do Estado. Esse fato é apresentado como uma das principais bases das análises de Weber e sua concepção política geral.

Anteriormente a Bismarck, o país apresentava características econômicas muito atrasadas em relação às outras potências europeias: França e Inglaterra. A Alemanha contava com uma estrutura estatal quase medieval, sendo que na Prússia os latifundiários *Junkers* assentavam seu poderio na posse de grandes propriedades e ocupavam uma posição predominante no governo e na economia. Uma das características dos *Junkers* era a preservação de práticas conservadoras de exploração dos camponeses.

Entre 1871 e 1873, Bismarck, juntamente com os ministros liberais, promoveu o desenvolvimento econômico alemão com a unificação da moeda, a fundação de um banco central (*Reichsbank*), a ampliação da rede ferroviária centralizando o transporte, a adoção de uma política protecionista para a defesa dos *Junkers* etc. No entanto, o país foi surpreendido por uma crise na bolsa, no outono de 1873, marcada por inúmeras falências, retrocesso das atividades industriais e agrícolas e desaparecimento de pequenas empresas. Esse último ponto reforçou a posição do governo pela concentração industrial e bancária, tendo em vista que a Alemanha precisava proteger-se da concorrência inglesa. Assim, por pressão dos economistas que viam no nacionalismo econômico o remédio para a ameaça inglesa, a Alemanha abandonou o comércio livre e se transformou em bloco econômico, reforçando a unidade do Segundo

Reich. Com isso, as classes dirigentes não viram suas posições econômicas abaladas e perceberam a necessidade da aliança entre industriais e grandes proprietários de terras, o que levou à formação de uma frente comum entre eles que acentuou o caráter conservador da política alemã.

Por outro lado, a situação de crise econômica golpeou duramente os pequenos agricultores e trabalhadores agrícolas que migravam para as cidades ou saiam do país. Com as cidades inchadas pela migração e a diminuição das atividades industriais, ocorreu a queda dos salários e o aumento do desemprego. A crise social instaurada abria caminho para a ascensão do movimento operário e para a proposta socialista. O movimento socialista em 1875, durante o Congresso de Gotha, fundaria o Partido Social-Democrata da Alemanha (SPD, na sigla em Alemão), que obteve grandes êxitos eleitorais devido ao descontentamento operário frente às crises econômicas.

Para amenizar a situação de miséria dos operários e integrá-los à sociedade imperial, muitos defenderam a ideia de uma intervenção estatal na condição dos trabalhadores, repudiando com isso ideias do liberalismo econômico. Bismarck procurou alternativas para afastar os operários do socialismo, com a organização de um sistema de **política social** que consistia na criação de caixas de socorro mútuo e seguro saúde a favor deles. Porém, tais ações foram rechaçadas pelos grandes industriais. Diante disso, já em 1885, a agitação social entre os operários foi marcante e atingiu seu auge em 1889 com a grande greve dos mineiros.

Essa época em que a Alemanha era conduzida sob a liderança de Bismarck também foi marcada pela breve participação dos liberais no governo e a derrota do liberalismo como projeto político e social para o país, o que marcou a própria família Weber, já que o pai de Max Weber era um político liberal.

Nos anos de 1870, houve uma luta veemente dos liberais contra a Igreja Católica, devido à ameaça desta em se constituir em um Estado dentro do Estado, como ocorreu com o Vaticano. Assim, os católicos alemães formaram um partido político de centro com ideias contrárias à centralização do Estado.

A partir de 1871, a política empreendida por Bismarck buscaria colocar a Igreja Católica sob o controle do Estado alemão, rompendo sua aliança com Roma e procurando com isso fragilizar o Partido de Centro e a própria influência política e cultural do poder católico no país. Tal política foi designada em 1873 pelo liberal Rudolf Virchow por *Kulturkampf*, em sentido literal, "luta pela cultura". Além disso, a *Kulturkampf* teria a missão de expandir pelo país a ideia da necessidade da unificação e do fortalecimento do Estado alemão a qualquer custo.

No entanto, a resistência do clero e dos católicos não possibilitou que tais metas fossem plenamente alcançadas. Para evitar um crescente desgaste político que as medidas da *Kulturkampf* lhe traziam, Bismarck extinguiu essa política em 1878, por meio da reconciliação com o novo papa da Igreja Católica, Leão XIII, e da suspensão de algumas das sanções impostas à Igreja na Alemanha. Mas a situação do governo do chanceler Bismarck permanecia delicada, tendo em vista a tensão provocada pela política de oposição dos liberais a diversos projetos de leis propostos pelo governo sobre a imprensa, créditos militares e repressão aos socialistas. Tal oposição política levou Bismarck a romper com os liberais e a aliar-se cada vez mais à ala conservadora das forças sociais alemãs para constituição de uma política centralizadora e de repressão aos socialistas.

Mas, apesar das dificuldades políticas e sociais que perpassavam a unificação alemã, após os anos 80 do século XIX, a Alemanha vivenciou uma grande expansão industrial, estendendo seus interesses e poderio imperialistas até a África e a Oceania.

É, portanto, desse modo que a Alemanha realizou sua revolução burguesa-industrial, conduzida pelo Estado e tendo como suporte político o Partido Conservador, a burocracia prussiana – com origem social na classe *Junker* – e a igreja protestante. O estamento militar era composto principalmente pelos aristocratas. Essa composição social por trás do poder estatal assinalava o caráter conservador do Estado alemão. De acordo com Maurício Tragtenberg, "Isso leva ao surgimento de um novo tipo social, o feudal-burguês, representando uma síntese entre o exército, a burocracia, a aristocracia *Junker* e os proprietários industriais, todos com tendência à exploração do Estado" (2006, p. 119).

O período da permanência de Bismarck configurou desse modo aquilo que Lênin chamava de *via prussiana de desenvolvimento capitalista*. Posteriormente, o sociólogo Barrington Moore Jr. preferiu caracterizar esse mesmo processo como *revolução pelo alto* e *modernização conservadora*. Diante de uma situação de transição histórica do feudalismo para o capitalismo, em que a Alemanha estava em uma condição de atraso em relação à França e à Inglaterra, a liderança do processo veio não de uma nova classe dirigente, caso da burguesia, mas das antigas elites oriundas do mundo agrário, os *Junkers*. Estes, por meio do Estado, comandaram a transição para o capitalismo, mas preservando durante muito tempo formas tradicionais de exploração dos camponeses e garantindo a manutenção da grande propriedade rural. Diante da pressão do movimento operário, a burguesia alemã não realizou uma ruptura revolucionária contra a velha ordem, optando pela composição com as antigas classes dominantes.

Na disputa pela hegemonia política e social na Alemanha, o movimento operário, apesar de estar em expansão, não tinha forças ainda para tomar o poder e conduzir o país, e tão pouco os liberais. A vitória, portanto, foi a do projeto conservador de desenvolvimento. Foi nesse cenário, legado por Bismarck, que Max Weber iniciou sua reflexão política e sociológica. Assim, podemos considerar que "Todo o edifício da teoria social weberiana foi constituído a partir da realidade sócio-histórica da Alemanha e da Europa centro-oriental, estando preocupada com sua particularidade e com sua deficiente inserção no Ocidente enquanto cultura política e institucionalidade liberal-democrática" (Del Roio, 1998, p. 204).

Algumas considerações gerais são importantes sobre esse legado. Apesar de reconhecer o gênio político de Bismarck, Weber via na conduta centralizadora do chanceler um dos principais motivos para a não formação de lideranças políticas capazes de dirigirem o país – ou a "nação", como preferia Weber – no sentido de sua vocação, pois, para Weber, a Alemanha tinha um grande papel histórico a cumprir no cenário da disputa imperialista entre nações. Esse fator abriu espaço para a emergência da burocracia no comando da política do país, o que o preocupou durante toda a vida e constitui um dos temas mais debatidos a respeito de sua obra. Assim: "O 'cesarismo' de Bismarck não permitiu que a burguesia surgisse como força hegemônica, tendo tornado a burocracia prussiana autônoma na esfera política, a qual tinha sua ação intermediada por partidos nobiliárquicos dependentes do Estado ou da Igreja" (Del Roio, 1998, p. 205).

Por outro lado, o autoritarismo político tinha no catolicismo e no luteranismo sua base cultural, na medida em que essas religiões tendiam a disseminar na população uma postura de obediência servil. Essa questão seria abordada nos vários textos que Weber escreveu sobre o papel das religiões no mundo moderno. A contrapartida a essa tendência vinha do movimento operário e socialista, que, assim como a economia, também se expandia e influenciava a luta política no país, pressionando o Estado e as camadas dirigentes. A forte presença do SPD na cena política do país foi mais um fator a servir como base para a reflexão sociológica de Weber. Em seus escritos, ele indagaria sobre a possibilidade de um partido que se burocratizava cada vez mais, como o SPD, sustentar uma proposta de transformação revolucionária da sociedade rumo ao socialismo. Seria comum em seus textos a referência à conduta dos políticos socialistas como exemplos de práticas inconsequentes*.

Com a morte do imperador Guilherme I em 1888, quem o sucedeu no trono foi seu filho, Frederico Guilherme, nomeado

---

*   O texto *A política como vocação* (WEBER, Max. A política como vocação. In:_____. **Ensaios de Sociologia**. Rio de Janeiro: J. Zahar, 1971) traz alguns exemplos.

Frederico III, morto apenas 99 dias após assumir o posto principal do império. Quem o substituiu foi seu filho, que seria coroado imperador Guilherme II, mantendo a tradição real prussiana no topo do Império Alemão. Em 1890, após várias divergências políticas internas e externas com o novo imperador referentes à sua repulsa pelos socialistas e às suas pretensões em manter relações cordiais com a Rússia, Bismarck deixaria o cargo de chanceler. A via prussiana teria continuidade sob nova liderança.

Entre 1885 e 1914, a Alemanha passou por uma nova fase de progresso econômico, isto é, de grande acumulação de capital. O mercado financeiro, concentrado em mãos de um pequeno grupo, garantiu a prosperidade das empresas através de financiamentos, o que aliviou a insuficiência de capitais disponíveis. No setor agrário, o Estado passou a participar ativamente. Com essa sustentação, os fazendeiros uniram-se em grandes associações, aumentando a extensão de terras cultiváveis e empregando métodos modernos e sistemáticos em suas culturas. Já na década de 1900, o Segundo *Reich* chegaria à condição de segunda potência industrial mundial, com o setor comercial também em franca expansão.

Com relação às transformações sociais geradas por esse surto de desenvolvimento econômico e industrial, ocorreu um considerável aumento demográfico no ano de 1910 devido à queda da taxa de mortalidade. Nessa época, a maioria dos alemães já vivia nas cidades. No entanto, os proprietários de terra – os herdeiros da antiga aristocracia – ocupavam os primeiros postos na sociedade e no Estado.

Os industriais e comerciantes encontravam dificuldades em manter sua alta posição econômica e social, e, por isso, mantiveram-se atrelados a uma estrutura política arcaica, que possibilitava o manejo da administração e assembleias locais que lhes proporcionavam altos empregos. Juntava-se a eles a alta burguesia, que já havia estabelecido laços com a aristocracia na luta contra os socialistas e os sindicatos. "Aristocratas e burgueses formam assim uma só classe dirigente, unida pela mesma oposição às reformas políticas e sociais" (Néré, 1981, p. 265). Ocorre, portanto, o "enobrecimento da burguesia e o aburguesamento da nobreza; a burocracia seria o elemento **mediador** entre essas classes" (Tragtenberg, 2006, p. 120). Portanto, diante das tensões internas, a Alemanha seguia conduzida por uma política de orientação conservadora.

Nesse contexto, a principal força de resistência social e política que pressionava para democratizar a sociedade e suas instituições era aquela representada pelos operários, que rapidamente se organizaram em poderosos sindicatos. Porém, o caráter reformista era mais presente que o revolucionário, com ação sindical voltada primordialmente para o terreno profissional, não visando à superação do capitalismo.

Com relação aos problemas políticos que vieram após a morte de Guilherme I e a saída de Bismarck, podemos demonstrar primeiramente aquele referente à falta de firmeza e continuidade do império. Isso porque o sucessor no comando da política alemã, o imperador Guilherme II, conforme constatou o próprio Max Weber, carecia da capacidade de um estadista para levar a cabo suas ambições. O imperador buscava realizar uma monarquia popular e, para legitimá-la, encarregou o chanceler Caprivi de dar um "novo rumo" à política alemã, implementando algumas reformas de cunho social. Porém, a política social do Estado que realizaria a votação de uma legislação do trabalho foi rejeitada pelo patronato. As medidas almejadas por Guilherme II, como reforma fiscal, reformas eleitorais e atenuação do protecionismo são combatidas pelos conservadores e, com isso, Caprivi é dispensado. Derrotado, Guilherme II recua, abandonando suas pretensões reformistas.

É configurado a partir desse momento o que ficou conhecido como *Cartel* – a união de conservadores, nacionais-liberais, Partido de Centro –, sendo que a política imperial estava totalmente atrelada à aristocracia, à Igreja e ao patronato. Em 1906, o Partido de Centro passou para a oposição e foi formado o Bloco – conservadores, nacionais-liberais e progressistas. Em 1909, o Bloco foi desfeito devido às divergências sobre reformas fiscais e foi constituída uma organização para clamar por reformas administrativas.

Os socialistas unem-se aos liberais para reclamar um projeto de democratização do Estado. As classes dirigentes, ao contrário, pregam a repressão. Na Polônia prussiana, "volta-se aos rigores do tempo de Bismarck: projetos de colonização rural alemã à custa dos proprietários poloneses, política de germanização em matéria linguística e escolar, de tudo isso resulta violenta agitação, que aumenta a influência dos partidários da resistência nacional" (Néré, 1981, p. 267). É instaurada uma situação de xenofobia da qual o próprio Max Weber compartilhara quando jovem. Hobsbawn é esclarecedor a esse respeito:

A metade do século precedente a 1914 foi a era clássica da xenofobia e, portanto, da reação nacionalista a ela, porquanto – mesmo deixando de lado o colonialismo global – foi uma era de mobilidade maciça e de migração e, especialmente durante as décadas da Depressão, de tensão social, declarada ou oculta. Tomemos um só exemplo: em 1914, aproximadamente cerca de 3,6 milhões (ou quase 15% da população) haviam abandonado permanentemente o território da Polônia do entre guerras, sem contar outro meio milhão por ano de migrantes sazonais. A consequente xenofobia não veio apenas de baixo. Suas manifestações mais inesperadas, que refletiam a crise do liberalismo burguês, provinham das classes médias estabelecidas, que não tinha sequer a probabilidade de se encontrar com a espécie de gente que se instalara em Lower East Side, em Nova Iorque, ou em alojamentos de trabalhadores rurais, na Saxônia. Max Weber, glória da imparcialidade da erudição alemã burguesa, desenvolveu tal animosidade contra os poloneses (que, corretamente, acusava de haverem sido importados em massa por latifundiários alemães, como mão de obra barata), que até entrou para a ultranacionalista Liga Pan-Germânica, na década de 1890. (1988, p. 217)

Às vésperas da guerra, no ano de 1913, foi observado um grande contraste entre a situação interna e a externa da Alemanha. Em 1912, a campanha para as eleições foi marcada pela grande violência empreendida por dois grupos antagônicos: os partidos socialistas, liberais e reformistas de um lado; e conservadores e Partido de Centro do outro. Devido a esse antagonismo e à vitória da oposição, o Segundo *Reich* foi tornado ingovernável, configurando uma situação de crise de hegemonia. Nessa época, a Alemanha já havia sido constituída como uma das grandes potências mundiais, algo que gerava uma preocupação internacional frente a uma possível expansão do *Reich*. E era justamente essa a intenção de Guilherme II, quem, com o intuito de legitimar uma política expansionista do *Reich* que alcançasse toda a Europa e domínios coloniais com estabelecimento de zonas de influência, reforçou o exército e muniu a Alemanha com uma poderosa frota de guerra.

Essa intenção expansionista e agressiva do império por meio da ação de Guilherme II já era evidenciada em 1908, após suas declarações ao jornal britânico *Daily Telegraph*, no qual o imperador criou um conflito com os ingleses ao colocar-se a favor dos bôeres*, o que serviria para justificar e reforçar a aliança entre Inglaterra, França e Rússia. Assim, suas pretensões de entendimento com a Rússia e a Inglaterra sobre a política naval não tiveram êxitos. A crise internacional gerada pela entrevista ao *Daily Telegraph* comprometeu o prestígio de Guilherme II e por isso ele manteve-se em segundo plano frente à direção do *Reich*.

Foi formada em seguida uma "política mundial" (*Weltpolitik*) que buscava o apoio do Extremo Oriente e do Pacífico, Oriente Médio e China, Marrocos e África Central. Estava formado o cenário para a deflagração da Primeira Guerra Mundial. Com isso, o governo de Guilherme II conseguiu um meio para superar as divergências políticas que imperavam na Alemanha. Em 1913, os conflitos foram "amenizados" e ocorreu a reagrupação

---

* Os bôeres eram os descendentes dos colonos **calvinistas** dos **Países Baixos**, da **Alemanha** e da **França** que se estabeleceram na **África do Sul** nos séculos XVII e XVIII, cuja colonização disputaram com os britânicos.

de todos os partidos políticos em torno do governo. Os partidos de esquerda e os sindicatos optaram pela trégua social e pelo alinhamento ao Estado em nome da defesa da pátria.

Com as enormes despesas de guerra, ocorreu o fenômeno inflacionário que provocou a depreciação da moeda e o aumento de preços. Com isso, a população civil sofreu a queda de seu poder aquisitivo, enquanto uma minoria (grandes produtores agrícolas e industriais) não teve sua condição econômico-social abalada. Surgiu o movimento de greves e manifestações, que foi explorado pelos socialistas, os quais em 1916 criaram a Liga Espartaquista e convocaram os trabalhadores a prepararem a revolução para pôr fim à guerra que até aquele momento beneficiara apenas os grandes capitalistas. No entanto, esse movimento não afetou os esforços de guerra do governo. Em seguida, já em 1917, ocorreria uma cisão entre os espartaquistas, enfraquecendo o movimento de oposição à participação alemã na guerra.

Além da situação da Alemanha na guerra, a preocupação de Weber nesse momento estava voltada para o que ocorria na Rússia, tendo em vista que no mesmo ano de 1917 os bolcheviques, liderando uma aliança operário-camponesa, conquistavam o poder naquele país. Sua sociologia da racionalização e burocratização ganharia um novo campo de estudo à medida que Weber dirigia aos bolcheviques a mesma questão feita anteriormente aos socialistas alemães: seria possível a construção de uma sociedade livre por meio de um processo revolucionário? Já que via no socialismo apenas mais uma forma de continuidade com os pressupostos da burocracia e da racionalização, sua reposta era negativa.

Na Alemanha, os socialistas independentes e majoritários, assim como os liberais de esquerda e o Partido de Centro, decidem não mais colaborar com o governo e em 1917 organizam-se para clamar por um acordo de paz e pela democratização do *Reich*, além de pedirem a renúncia do chanceler Theobald von Bethmann-Hollweg, que assina sua demissão em julho de 1917, deixando o caminho aberto para os conservadores e militaristas, já que os partidos majoritários estão enfraquecidos pelas rixas internas. O poder passa para as mãos dos militares que, no intuito de levar a guerra adiante até a vitória, governam através de uma verdadeira ditadura.

Em 1918, os desastres militares são muitos, o que leva o Estado-maior a pedir que seja estabelecido um armistício e que o governo se restabeleça em bases parlamentares. Os motins populares estouram e as massas pedem a abdicação daqueles que até o momento colocavam entraves à obtenção da paz: Guilherme II e os príncipes dos estados alemães – que ainda se constituíam em reinos, grandes ducados, condados e principados. A Alemanha é derrotada, tendo seu exército reduzido, sua indústria bélica controlada e a região do chamado *corredor polonês* perdida, devolvendo à França a região da Alsácia Lorena, além de ter que pagar os prejuízos da guerra aos países vencedores. Assim, o projeto de uma Alemanha imperial, que tinha como pilares a política conservadora expansionista, sustentada por uma aliança da burguesia industrial com a aristocracia e com o estamento burocrático comandando o aparelho político do Estado, sofre uma dura derrota. Tal fato abre novas perspectivas para liberais e socialistas.

A derrota militar alemã foi acompanhada da derrota política, sem resistência do imperador e dos príncipes, os quais abandonaram seus postos em novembro de 1918. Logo em seguida, a Alemanha tornou-se república, sendo criada a República de Weimar, cujo poder passou para a social-democracia – que há muito já havia se distanciado das ideias revolucionárias. Weber participaria ativamente dos debates constituintes, vislumbrando a possibilidade de reconstrução do país e de superação do legado de Bismarck através do sistema parlamentarista, meio mais favorável naquele momento para a formação de novas lideranças políticas. Nessa nova fase, a liderança carismática na política e o empresário inovador na economia seriam, de acordo com Max Weber, as figuras centrais na preservação da liberdade individual ante o despotismo burocrático.

No entanto, durante a República de Weimar, a estrutura política do Estado não apresentou diferenças significativas: os funcionários públicos permaneceram todos em seus cargos e os oficiais imperiais continuaram comandando o exército. A propriedade privada da agricultura e a da indústria permaneceram intocadas e as forças revolucionárias de esquerda eram duramente reprimidas.

Na década de 1930, a Alemanha começa a ser dominada pelo nazismo. O líder carismático que surgia com o nazismo atuaria em um sentido oposto àquele acalentado por Weber.

Como podemos perceber, a formação social alemã fora marcada por fortes tensões políticas e sociais nesse período compreendido entre os anos de 1871 e 1920, o que persistiria por todo o século XX. Segundo Tragtenberg (2006, p. 131):

A dualidade da realidade alemã é vivida por Weber no seu labor sociológico: a separação das esferas do político e o econômico; a dialética das formas de dominação oscilando entre o carisma e a burocracia; a dominação do ethos burocrático na vida política alemã e o recurso ao carisma plebiscitário que Weber qualifica como fenômeno inextirpável na democracia de massas; a posição política da Alemanha entre o convencionalismo anglo-saxão e o despotismo russo. A não superação das contradições levará a Alemanha a uma solução autoritária. No plano individual, tal impossibilidade levará Weber aos limites da razão.

Essa tensão é expressa na obra de Weber, como veremos: a tensão entre ciência e valores, dominação tradicional e dominação legal, burocracia e carisma, sociologia e política, racional e irracional. É isso o que desafia sua razão.

Síntese

Como vimos neste capítulo, a sociologia de Weber está inserida em um período de intensas transformações na Alemanha que podem ser identificadas basicamente pela sua unificação política no século XIX sob a liderança de Bismarck, pela consumação da transição do feudalismo ao capitalismo industrial, pela imersão do país na disputa imperialista entre nações, por sua derrota na Primeira Guerra Mundial do século XX e pela tentativa de construção de uma república parlamentar após a guerra (República de Weimar). Nesse período, houve inicialmente a derrota tanto do liberalismo como do socialismo como projetos político-sociais para o país e a vitória da aliança conservadora entre a burguesia industrial, os proprietários das grandes propriedades rurais e o estamento burocrático de origem aristocrática. As consequências desse período que mais marcaram a obra de Weber foram: intenso desenvolvimento capitalista e industrial do país, presença constante de um movimento operário e socialista na cena política, a consolidação de uma burocracia profissional no interior do Estado (dos partidos políticos e das grandes empresas) e a ausência de lideranças políticas capazes de conduzirem o país após a queda de Bismarck. Os dois últimos aspectos estavam entre aqueles que mais ameaçariam a liberdade individual, seja na política, seja na economia. Assim, a teoria sociológica de Weber representa uma tentativa de compreender os dilemas de uma nova realidade social presente na Alemanha e no mundo de seu tempo.

Indicações culturais

O expressionismo alemão foi um movimento cultural manifestado nas artes gráficas, na pintura, na escultura, na literatura, no teatro, na música, na dança e no cinema. Nasceu na passagem do século XIX para o século XX e teve seu auge em 1920.

Ele surgiu, principalmente, para expressar a crise que enfrentara a Alemanha no início do século XX, reflexo da decadência alemã antes, durante e após a Primeira Guerra Mundial. A certeza da glória do imperialismo germânico cedeu espaço aos sentimentos de derrota, humilhação e desespero. Assim, o expressionismo alemão demonstra as ilusões de poder alimentadas pela era de Bismarck e derrotadas na Primeira Guerra Mundial através de uma estética que reproduzia a dura realidade alemã da época.

Desse modo, o expressionismo, ao contrário do impressionismo (que buscava mostrar e fotografar a natureza ou a vida cotidiana como ela realmente era apresentada aos olhos do artista), expõe a realidade não mais segundo os dados dos sentidos, mas através das "visões" subjetivas do artista. Entendemos, assim, que, para o expressionista, a realidade é subjetiva, existe apenas em cada um de nós, e é com essa concepção que ele produz sua arte, primando pelo intelecto e abstraindo a realidade onde a expressão do sentimento tem mais valor que a razão.

Como características marcantes das obras expressionistas, temos: o uso de ângulos acentuados, cores contrastantes (como verde, vermelho, amarelo e negro) e contornos sombrios.

A seguir, estão relacionadas algumas obras do expressionismo alemão que podem ser úteis para a compreensão do período que envolve a obra de Weber.

Filme

O GABINETE do Dr. Caligari. Direção: Robert Wiene. Produção: Decla-Bioscop AG: Alemanha: Continental, 1919. 71 min.

Uma das primeiras obras do expressionismo alemão. O filme é uma história de terror vivida por personagens cujos sentimentos são traduzidos através de um drama composto por vários simbolismos.

Bibliografia

BELLAMY, Richard. **Liberalismo e sociedade moderna**. São Paulo: Unesp, 1994.

No capítulo Alemanha: liberalismo desencantado, *o autor faz uma interessante abordagem sobre a relação entre a teoria produzida por Weber e os aspectos da Alemanha e do mundo de sua época.*

WEBER, Max. **Parlamentarismo e governo numa Alemanha reconstruída.** São Paulo: Abril Cultural, 1985. (Coleção Os Pensadores).

Nesse texto, no qual Weber defendia suas posições político-liberais para a reconstrução da Alemanha após a derrota na Primeira Guerra Mundial, há uma análise sobre o legado político de Bismarck para a Alemanha, assim como das tendências mais marcantes de seu tempo, como o avanço da burocracia sobre as esferas da política e da economia.

Pintura

Figura 1 – O Grito. Munch; c.1893.*

O Grito. Edvard Munch, 1893.

O Grito (1893) de Munch: a obra é um exemplo dos temas ligados ao expressionismo alemão. Nela podemos observar que a figura humana não apresenta suas características reais, mas demonstra o efeito de suas emoções.

Crédito: © The Munch_Museun/ The Munch-Ellingsengroup, O Grito, 1893, Licenciado por Autvis, Brasil, 2009.

Atividades de autoavaliação

1) Marque (V) para verdadeiro e (F) para falso nas sentenças sobre a sociologia, e depois escolha a alternativa com a sequência correta:

( ) Surgiu como uma tentativa de compreender as transformações históricas impulsionadas pela expansão do capitalismo industrial, particularmente na Europa. Nesse sentido, a sociologia apresentava características idênticas nos países em que se desenvolveu, como França e Alemanha.

( ) É uma das formas de consciência que se propõe a entender um mundo dinâmico que era apresentado no século XIX, marcado pela ascensão do capitalismo industrial. Na Alemanha, esse novo mundo do capitalismo industrial suscitaria várias das questões a serem interpretadas pela sociologia compreensiva de Weber.

( ) Para compreender um mundo novo, marcado pelo transitório, pela decadência da época feudal e pela ascensão do capitalismo industrial, a sociologia apresenta uma característica fundamental: a interpretação científica.

a) V, V, F
b) F, V, V
c) V, F, V
d) V, V, V

2) Qual a importância da ascensão do movimento operário e do Partido Social-Democrata Alemão (SPD) na Alemanha para a sociologia de Weber?

a) Não foi uma influência decisiva em seu pensamento, apesar de Weber enfatizar a necessidade de haver uma colaboração entre a sociologia compreensiva e o socialismo.

b) Exerceu uma influência decisiva, pois Weber defendeu a necessidade de uma sociologia que servisse como fundamento científico para a construção do socialismo.

c) Foi esse acontecimento que o levou a indagar sobre a possibilidade de um partido que se burocratizava cada vez mais, como o SPD, sustentar uma proposta de transformação revolucionária da sociedade rumo ao socialismo. A análise sociológica que realizou sobre os processos de burocratização e racionalização o levaram a não acreditar nessa possibilidade.

d) Mesmo que politicamente estivesse identificado com o liberalismo, Weber procurava demonstrar sociologicamente que o socialismo, conduzido pelo SPD, poderia levar a Alemanha a superar a tendência à burocratização no capitalismo industrial e o legado nefasto de Bismarck para o país.

3) Analise os itens a seguir, marque (V) para verdadeiro e (F) para falso e assinale a alternativa com a sequência correta:

( ) A conduta centralizadora e autoritária de Bismarck no período em que foi chanceler teria como uma de suas principais consequências a não formação de lideranças políticas capazes de dirigirem a Alemanha, o que abriu espaço para a emergência da burocracia no comando da política após a queda de Bismarck. Esse foi um dos acontecimentos históricos que marcaram a reflexão sociológica de Max Weber sobre a política e a burocracia.

( ) O catolicismo e o luteranismo constituíam a base cultural de uma postura política combativa e revolucionária na Alemanha, o que instigou Weber a utilizar a sociologia para a compreensão do papel das religiões na formação da mentalidade capitalista.

( ) Para fazer frente à concentração de poder político e econômico nas mãos da burocracia e defender a liberdade individual na Alemanha e no mundo moderno, Weber enfatizava o papel de três atores sociais: o do líder carismático na política, o do empresário inovador na economia e o do socialista revolucionário na transformação da sociedade.

( ) A sociologia de Max Weber foi desenvolvida em um cenário de extrema tensão social e política, no qual a Alemanha seguia um caminho de modernização conservadora, segundo a expressão do sociólogo Barrington Moore Jr.

a) V, F, F, V
b) V, F, F, F
c) V, V, V, F
d) F, V, V, F

4) Qual dos acontecimentos históricos a seguir não fez parte do contexto de formação e desenvolvimento da sociologia compreensiva de Weber?

a) A ascensão política dos nazistas na Alemanha, tendo Adolf Hitler como sua liderança carismática.

b) A formação e ascensão do SPD como resultado da força do movimento socialista na Alemanha.

c) A queda do imperador Guilherme II e a formação da República de Weimar.

d) O processo de unificação alemã, que contou com a participação dos grandes proprietários de terra da Prússia, os *Junkers*.

5) Sobre a formação da sociologia de Weber, marque (V) para verdadeiro e (F) para falso nas sentenças a seguir e depois indique a alternativa com a sequência correta:

( ) É contemporânea de um período de intensas transformações na Alemanha que podem ser identificadas basicamente pela sua unificação política, pela consumação da transição do feudalismo ao capitalismo e a imersão na disputa imperialista entre nações.

( ) É uma resposta ao desafio de compreender o mundo moderno, marcado, entre outros fatores, pela crença dos homens de que podem construir sua própria história, pela transitoriedade, pelo avanço do capitalismo e pela luta do socialismo como alternativa ao sistema capitalista.

( ) Acontece no momento em que o liberalismo perdia influência como concepção política e econômica na Alemanha. Nesse sentido, a reflexão sobre as condições de garantia da liberdade individual perante o autoritarismo político e o avanço da burocracia são constitutivos da sociologia de Weber.

a) V, V, F
b) F, V, V
c) V, F, V
d) V, V, V

Atividades de aprendizagem
Questões para reflexão

1) No período entre 1871 e 1920, a Alemanha passou por fortes tensões políticas e sociais que marcariam a reflexão sociológica de Max Weber. Faça um estudo sobre os aspectos políticos, sociais e culturais mais importantes desse período.

2) Qual a importância do período da unificação alemã sob a liderança de Bismarck para a obra de Weber?

Sugerimos a utilização da bibliografia citada, no item "Indicações culturais" deste capítulo, como material de apoio para realização dessas atividades.

Atividades aplicadas: prática
Assista ao filme:

NOSFERATU: uma sinfonia do horror. Direção: F. W. Murnau. Produção: Prana-Film. Alemanha: Film Arts Guild, 1922. 80 min.

Identifique os elementos da história alemã que são apresentados de forma expressionista pelo filme *Nosferatu: uma sintonia do horror*.

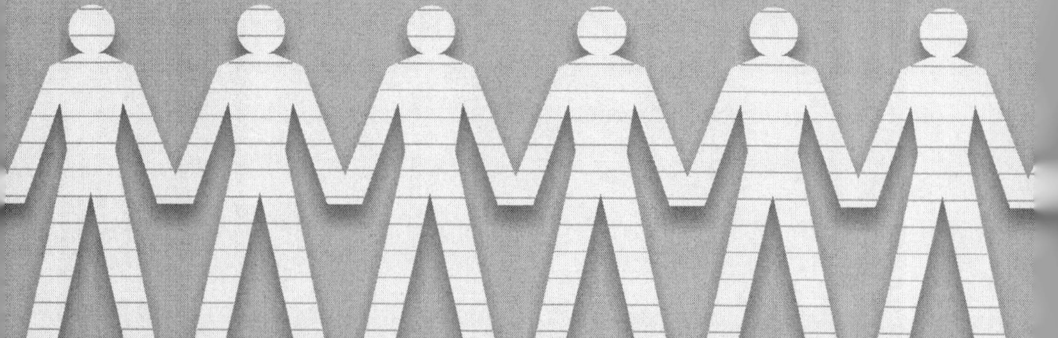

Max Weber: influências intelectuais
[Capítulo 2]

Conforme afirma Gabriel Cohn, a perspectiva de Weber "é a do cientista prático, mais do que a do filósofo" (Cohn, 1979, p. 67). Colliot-Thélène é ainda mais incisiva ao argumentar: "Weber situou, então, deliberadamente, sua empresa de conhecimento fora da filosofia" (Colliot-Thélène, 1995, p. 15). No entanto, apesar de não ter se caracterizado como um filósofo ou mesmo dedicar-se às questões da filosofia em sua obra, Weber incorporou, a seu modo, muitas das indicações e sugestões contidas nos autores da filosofia alemã, o que ficou patente nos textos nos quais debatia as questões de método na sociologia e de como é a postura intelectual do cientista ao tentar explicar a realidade humana.

Do ponto de vista das influências filosóficas, um dos autores decisivos para Max Weber fundamentar a sua sociologia compreensiva é o filósofo alemão Immanuel Kant (1724-1804). Por se propor a analisar e interpretar a realidade humana, a sociologia, ou qualquer outra ciência que tenha tal tarefa por incumbência (como a ciência política e a antropologia), pressupõe uma teoria do conhecimento que oriente o pesquisador a selecionar os aspectos mais significativos para a análise diante do labirinto que é a vida social. Diante desse desafio, Weber encontrou na obra de Kant uma diretriz para não se perder nesse labirinto, principalmente no que diz respeito à relação entre conceito e realidade. Essa relação diz respeito, na verdade, à relação entre **sujeito** (aquele que observa e interpreta a realidade) e o **objeto** (a realidade observada). De acordo com a interpretação que faz de Kant, Weber concebe o conceito como uma construção do sujeito para captar os aspectos significativos do objeto pesquisado. Esse ponto é fundamental para entender o papel dos conceitos típico-ideais na sociologia de Weber, o que será abordado nos próximos capítulos deste livro. Por agora, basta salientar a importância da teoria do conhecimento de Kant na sociologia weberiana, conforme podemos observar pela afirmação que segue:

> *Para aquele que desenvolve, levando às últimas consequências, a ideia fundamental da moderna teoria do conhecimento – baseada em Kant, segundo a qual os conceitos são e só podem ser meios intelectuais para o domínio espiritual do empiricamente dado – o fato dos [sic] conceitos genéticos rigorosos serem tipos ideais não constitui razão para se opor à sua construção.* (Weber, 1993, p. 149)

Os conceitos – os tipos ideais – criados pelo pesquisador nunca serão, portanto, confundidos com a realidade observada, sendo antes meios para a interpretação da realidade. Weber, por isso, será caracterizado por vezes como um autor neokantiano, embora essa posição não seja consensual entre os estudiosos de sua obra*.

---

* Gabriel Cohn, no seu livro *Crítica e resignação: fundamentos da sociologia de Max Weber* (1979), refuta a concepção de que Weber deva ser caracterizado meramente como um neokantiano; e Anthony Giddens, no seu *Política, Sociologia e Teoria Social: encontros com o pensamento social clássico e contemporâneo* (1998), salienta a aceitação, por parte de Weber, de elementos fundamentais do neokantismo.

O fato é que, diante da influência que o modelo explicativo das ciências naturais tinha no contexto intelectual europeu, Weber compartilhou com os neokantianos a preocupação em evidenciar a particularidade das ciências humanas na análise da realidade. Segundo Maurício Tragtenberg (1985, p. 8):

Os principais representantes dessa orientação foram os neokantianos Wilhelm Dilthey (1833-1911), Wilhelm Windelband (1848-1915) e Heinrinch Rickert (1863-1936). Dilthey estabeleceu uma distinção que fez fortuna: entre explicação (erklären) e compreensão (verstehen). O modo explicativo seria característico das ciências naturais, que procuram o relacionamento causal entre os fenômenos. A compreensão seria o modo típico de proceder das ciências humanas, que não estudam fatos que possam ser explicados propriamente, mas visam aos processos permanentemente vivos da experiência humana e procuram extrair deles seu sentido (Sinn). Os sentidos (ou significados) são dados, segundo Dilthey, na própria experiência do investigador, e poderiam ser empaticamente apreendidos na experiência dos outros.

A distinção estabelecida por Dilthey entre ciências humanas e naturais, caracterizando a compreensão como própria ao campo das humanas, foi incorporada por Weber para interpretação das relações sociais do ponto de vista sociológico.

Entre os neokantianos, além de Dilthey, Weber dialoga significativamente com a obra do filósofo Rickert, o qual também se utiliza de conceitos típico-ideais para a interpretação histórica dos fenômenos culturais. Um dos pontos fortes da influência de Rickert sobre a obra de Weber está na distinção e oposição entre fato e valor, entre o que é constatável pela análise e o julgamento desse mesmo fato. Há uma tensão muito forte na sociologia weberiana entre ciência e valores, com uma clara preocupação da parte do autor de delimitar e diferenciar esses dois campos, o que é muito marcante em seus textos a respeito da metodologia científica nas ciências sociais e nas conferências, posteriormente convertidas em textos, que ele proferiu sobre a ciência e a política como vocações distintas.

Nesse mesmo campo de discussões, a outra influência importante é a de mais um filósofo alemão, Friedrich Nietzsche (1844-1900) e a crítica dos valores por ele realizada. Em seu livro *Genealogia da moral* (1887), Nietzsche afirma categoricamente que a ciência é incapaz, por si própria, de criar valores e conferir um sentido à existência humana ou indicar aos homens o caminho para felicidade. A concordância e assimilação desse ponto de vista por Weber é visível no texto *Ciência como vocação*, como vemos na passagem a seguir:

> *Depois da devastadora crítica feita por Nietzsche aos últimos homens que inventaram a felicidade, posso deixar totalmente de lado o otimismo ingênuo no qual a ciência – isto é, a técnica de dominar a vida que depende da ciência – foi celebrada como o caminho para a felicidade. Quem acredita nisso – à parte algumas poucas crianças grandes, que ocupam cátedras universitárias ou escrevem editoriais?* (Weber, 1995, p. 443)

Apesar de dedicar grande parte de sua vida à ciência, Weber nunca visualizou nela um meio para explicar o sentido da vida, mas apenas para o esclarecimento aos homens da condição destes no mundo, o que estaria diretamente ligado à sua interpretação sobre a racionalização e o desencantamento do mundo, como veremos em um dos capítulos deste livro.

A relevância dada por Weber à contribuição de Nietzsche é constatada pela afirmação que fez ao final da vida sobre a impossibilidade de compreender o mundo moderno sem dialogar com Nietzsche e Marx, conforme confessou ao seu amigo Oswald Spengler (1880-1936), historiador e filósofo:

> *A sinceridade de um intelectual hoje, particularmente de um filósofo, pode ser medida pela maneira como ele se situa em relação a Nietzsche e a Marx. Aquele que não reconhece que, sem o trabalho desses dois autores, não poderia realizar grande parte de seu próprio trabalho engana a si mesmo e aos outros. O mundo intelectual no qual vivemos foi em grande parte formado por Marx e Nietzsche.*
> (Weber citado por Colliot-Thélène, 1995, p. 38)

No entanto, se Nietzsche é o intelectual ao qual Weber se vincula e com o qual se identifica; Marx, pelo contrário, é o intelectual ao qual se opõe, mesmo reconhecendo o seu valor para a compreensão do mundo contemporâneo – marcado pelo capitalismo. Isso porque Weber refuta um dos mais eminentes representantes da filosofia clássica ao lado de Kant, o filósofo Georg Wilhelm Hegel (1770-1831), o qual exerceria profunda influência sobre Marx. Na história do pensamento ocidental, Hegel é um dos principais expoentes do pensamento dialético, tendo resgatado essa forma de entendimento do mundo dos filósofos gregos. Diferentemente da teoria do conhecimento baseada em Kant, na qual conceito e realidade são coisas distintas, para a perspectiva dialética de Hegel o conceito, "em sua acepção mais ampla, é o próprio real no seu processo de constituição, ou então cada manifestação particular do conceito capta um momento desse processo" (Cohn, 1979, p. 116). Assim, a interpretação baseada em Hegel implica um outro modo de entender a relação entre o sujeito e o objeto do conhecimento, entre ciência e realidade, entre teoria e prática. Entre os pensadores alemães do século XIX, Karl Marx é um dos que incorporaram a dialética a seu modo de interpretar a realidade observada, embora introduzindo modificações em relação ao pensamento de Hegel. Para Marx, a interpretação está diretamente ligada à transformação da realidade, o que significa a unidade entre teoria e prática, como enunciou em uma de suas famosas teses sobre o pensamento de Feurbach: "Os filósofos se limitaram a interpretar o mundo de diferentes maneiras; o que importa é transformá-lo" (Engels; Marx, 1982, p. 14).

Por dissociar conhecimento de realidade, ciência de política, Weber jamais aceitou essa proposição prática de Marx, tecendo elogios apenas ao conteúdo teórico de suas análises, como as que Marx desenvolveu em *O capital* (1867). Seria inconcebível para Weber, por exemplo, que o conhecimento sociológico fosse construído no intuito de representar os interesses do proletariado, conforme Marx e Engels fizeram no *Manifesto do Partido Comunista* (1848).

Como percebemos por essa exposição, as principais influências intelectuais na obra de Max Weber vieram de pensadores alemães, embora ele não se limitasse à leitura de seus conterrâneos. Isso é devido, em grande medida, à própria riqueza da tradição cultural alemã, com nomes importantes em vários campos do conhecimento e da arte, como a filosofia, a história, a ciência e a literatura, o que já oferecia um rico campo de debates para a formação do pensamento sociológico.

Nesse campo de discussão teórica realizado na Alemanha, uma das características principais do pensamento de Weber era o seu caráter polêmico. Construiu sua visão e sua interpretação dos assuntos abordados a partir do debate e do conflito que estabelecia com outras correntes do pensamento, fossem oriundas do campo da história, economia, política, direito ou sociologia. Assim, cabe salientar que ele não se restringiu à condição de simples discípulo de nenhum dos autores mencionados anteriormente – Dilthey, Kant, Nietzsche, Rickert –, tendo incorporado-os a seu modo, no intuito de constituir um pensamento próprio, que seria concretizado no projeto de uma **sociologia compreensiva**. Esta viria a ser uma das principais correntes de interpretação, nas ciências sociais, constituídas no século XX, juntamente com o funcionalismo positivista, o marxismo e o estruturalismo.

Síntese

Neste capítulo, vimos como Weber incorporou muitas das indicações e sugestões contidas nos autores da filosofia alemã, mas no intuito de construir um pensamento próprio, presente na sua **sociologia compreensiva**. Dentre as influências na obra de Weber, destacamos: a teoria do conhecimento de Kant, segundo a qual os conceitos são e só podem ser meios intelectuais para o domínio intelectual do empiricamente dado; a diferença estabelecida por Dilthey entre ciências humanas e naturais; a distinção e oposição entre fato e valor, entre o que é constatável pela análise e o julgamento desse mesmo fato, presente na obra de Rickert; a crítica dos valores e a reflexão sobre a impossibilidade de a ciência conferir sentido à vida humana realizadas por Nietzsche. Por outro lado, a conexão entre teoria e prática proposta pelo pensamento dialético de Marx foi recusada por Weber, embora este reconhecesse a importância da obra de Marx para a compreensão do mundo capitalista contemporâneo.

Indicações culturais

Filme

DIAS de Nietzsche em Turim. Direção: de Julio Bressane. Produção: T. B. Produções. Brasil: Riofilme, 2001. 85 min.

O filme se passa na cidade de Turim, Itália, e narra os meses vividos pelo filósofo alemão Friedrich Nietzsche (1844-1900) entre abril de 1888 e janeiro de 1889, período muito fértil para o pensador. Através do filme, podemos conhecer um pouco mais da história do filósofo que foi tão lido por Weber.

Internet

SOUZA, Rogério et al. **Nietzsche**: vida e obra. Disponível em: <http://br.youtube.com/watch?v=YB4cgfC_Rdg&feature=related%20%20> Acesso em: 20 nov. 2008.

É um documentário, disponível no site do Youtube, que faz uma síntese da relação entre a vida e obra de Nietzsche, sendo uma boa apresentação para os que não estão familiarizados com o autor.

Bibliografia

NOBRE, Renarde F. Weber, Nietzsche e as respostas éticas à crítica da modernidade. **Trans/Form/Ação**, Marília, v. 26, n. 1, p. 53-86, jun. 2003.

Nesse texto, o autor aponta para algumas das principais incompatibilidades entre as concepções de Weber e as de Nietzsche. A versão eletrônica desse artigo pode ser encontrado no endereço eletrônico: <http://www.scielo.br/pdf/trans/v26n1/v26n1a02.pdf>.

COHN, Gabriel. **Crítica e resignação:** fundamentos da sociologia de Max Weber. São Paulo: T. A. Queiroz, 1979.

O autor é um dos principais intérpretes da obra de Weber no Brasil, sendo esse livro uma das principais análises em português da teoria weberiana.

Atividades de autoavaliação

1) Assinale a alternativa **incorreta:**

   a) Kant foi uma referência intelectual importante para a sociologia de Weber, especialmente por enfatizar que os conceitos são e só podem ser meios intelectuais para o domínio intelectual do empiricamente dado.

   b) A crítica àqueles que acreditam que a ciência possa conduzir ao caminho da felicidade seria um dos pontos em comum entre os pensamentos de Weber e Nietzsche.

   c) A distinção feita por Dilthey entre o procedimento explicativo das ciências naturais e a característica compreensiva das ciências humanas seria assimilada por Weber na formulação da sociologia compreensiva.

   d) Uma das características centrais da sociologia compreensiva de Weber é a de tentar estabelecer uma síntese entre o pensamento dialético de Hegel e Marx e a filosofia dos neokantianos Rickert e Dilthey.

2) Assinale a alternativa correta:

   a) Max Weber, além de sociólogo, pode ser considerado filósofo por ter criado uma nova perspectiva de análise da condição humana, sendo esta uma das principais preocupações da filosofia.

   b) Max Weber certamente não pode ser considerado filósofo principalmente por não ter qualquer influência filosófica em sua produção teórica.

   c) Max Weber, mais do que filósofo, pode ser considerado como um cientista embora tenha tido importantes influências filosóficas, principalmente alemãs.

   d) Max Weber dedicou-se exclusivamente à produção filosófica, sendo seu trabalho considerado sociológico apenas porque se dedicou a estudar o homem em sociedade.

3) Julgue os itens como verdadeiros (V) ou falsos (F) e indique a alternativa com a sequência correta:

   ( ) Um dos filósofos que mais influenciou Weber em sua produção teórica foi Kant, principalmente quando aquele se propôs a elaborar conceitos (tipos ideais) para analisar o empiricamente dado.

   ( ) Weber tem como principal influência intelectual o pensamento de Marx, o que ficou evidenciado pela crítica weberiana a todos os tipos de dominação (carismática, tradicional, racional-legal), a qual, depois de extinta, abriria as portas para o socialismo.

( ) Pelo fato de Kant ser filósofo e não sociólogo, não seria possível que ele fosse uma influência intelectual para Weber.

( ) A teoria do conhecimento, elaborada por Kant, e a sociologia compreensiva, elaborada por Weber, são formas idênticas de estudar o ser humano, tendo como único caráter distintivo o fato de a primeira pertencer ao ramo da filosofia e a segunda, ao ramo da sociologia.

a) V, F, F, F
b) F, V, V, F
c) V, F, V, F
d) V, V, V, F

4) Leia o texto a seguir e assinale a alternativa **incorreta**:

> O fato é que, diante da influência que o modelo explicativo das ciências naturais tinha no contexto intelectual europeu, Weber compartilharia com os neokantianos a preocupação em evidenciar a particularidade das ciências humanas na análise da realidade.

Fonte: os autores

a) Podem ser considerados neokantianos: Wilhelm Dilthey (1833-1911), Wilhelm Windelband (1848-1915) e Heinrinch Rickert (1863-1936).

b) A preocupação de Weber em evidenciar a particularidade das ciências humanas na análise da realidade tem origem no fato de que, na época, essa análise era feita principalmente pela escola positivista que empregava os métodos das ciências naturais para a investigação social.

c) Podemos dizer que Weber demonstrou a particularidade das ciências humanas através da elaboração da **sociologia compreensiva**, que buscava compreender a realidade social em vez de empregar métodos empíricos como aqueles utilizados pelas ciências naturais e pelo positivismo.

d) O pensamento de Weber, apesar de tentar refutar o modelo explicativo das ciências naturais, não conseguiu se desvencilhar deste, pois em seus escritos podemos notar um forte caráter positivista, principalmente em relação à elaboração dos tipos ideais, que podem ser considerados fórmulas explicativas como aquelas utilizadas pela matemática.

5) Julgue os itens como verdadeiros (V) ou falsos (F) e indique a alternativa com a sequência correta:

( ) Apesar de Weber reconhecer a importância de Marx para a compreensão do mundo moderno, não se vinculou a este, tendo dialogado de forma crítica com seus escritos.

( ) Por dissociar conhecimento de realidade é que Max Weber contestou os escritos de Marx, quem propunha uma interpretação das relações humanas diretamente ligada à transformação da realidade, ressaltando a união entre teoria e prática.

( ) Max Weber teve como única influência intelectual os

pensadores alemães cuja produção cultural é tão vasta que não houve necessidade de recorrer a pensadores de outros países.

( ) Por ter como influências intelectuais apenas os filósofos alemães, Weber, que também era alemão, não se preocupou em travar discussões teóricas com outras correntes do pensamento alemão.

a) V, V, F, F
b) F, V, V, F
c) V, F, V, F
d) V, V, V, F

Atividades de aprendizagem
Questões para reflexão

1) Faça um estudo sobre os pontos de afinidade e de discordância do pensamento de Weber em relação ao de Nietzsche.

2) Assinale as discordâncias de Weber em relação à tradição do pensamento dialético composta por Hegel e Marx.

Sugerimos a utilização da bibliografia citada, no item "Indicações culturais" deste capítulo, como material de apoio para realização dessas atividades.

Atividade aplicada: prática

1) No texto A *"objetividade" do conhecimento nas ciências sociais*, de 1904, no qual expunha o ponto de vista da revista *Arquivo para a ciência social e política social*, Weber afirmou:

é nossa opinião de que jamais pode ser tarefa de uma ciência empírica proporcionar normas e ideais obrigatórios, dos quais se possa derivar "receitas" para a prática. Porém, o que se depreende desta afirmação? Juízos de valor não deveriam ser extraídos de maneira nenhuma da análise científica, devido ao fato de derivarem, em última instância, de determinados ideais, e de por isso terem origens "subjetivas". A práxis e o fim de nossa revista desautorizará sempre semelhante afirmação. (Weber, 1993, p. 109)

Aponte qual (ou quais) seria a corrente teórica mais influente na posição assumida por Weber sobre a relação entre ciência empírica e juízos de valor.

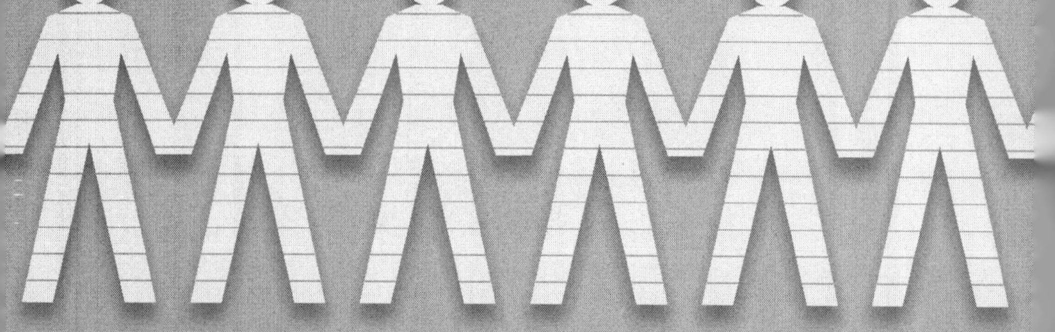

Idealismo e materialismo
[Capítulo 3]

A corrente filosófica à qual se filia um autor com uma obra complexa como é a de Max Weber não é assunto pacífico. Uma das controvérsias interessantes em torno da obra desse teórico diz respeito ao caráter materialista ou idealista de sua sociologia. Essa questão já estava presente entre fins do século XIX e início do século XX no debate teórico europeu, particularmente na polêmica entre os marxistas e seus críticos a respeito do papel das ideias no desenvolvimento histórico das sociedades. Os fundadores da sociologia também estavam envolvidos nessa discussão, que tinha por eixo a concepção materialista da história desenvolvida pelo marxismo. Segundo Giddens (1994, p. 22):

> *Tanto Durkheim como Weber se referiam a esse materialismo filosófico divulgado por Engels, Kautsky, Labriola e outros, quando criticavam o marxismo. Tanto os liberais como os marxistas estruturavam as suas polêmicas com base na dicotomia básica entre idealismo e materialismo.*

Para Giddens, no entanto, essa controvérsia é irrelevante na medida em que tanto Marx quanto Weber e Durkheim propunham-se a acabar com a "divisão filosófica tradicional entre idealismo e materialismo" (Giddens, 1998, p. 22). Mas, para situarmos em termos mais precisos os elementos conceituais e interpretativos desse debate, apontaremos a seguir alguns aspectos sobre o idealismo e a polêmica de Weber com o materialismo marxista.

O idealismo é a corrente filosófica surgida em oposição ao realismo, preconizada desde Platão, mas consolidada por Kant e posteriormente por Hegel. O realismo defende a ideia de que os objetos da realidade externa ao ser humano existem por si e por isso atribui a eles uma razão objetiva. Ao contrário disso, o idealismo atribui ao pensamento ou à razão a existência de uma realidade exterior ao homem, portanto, as coisas não existem em si, e estão em constante dependência do entendimento que fazemos delas, pois só existe aquilo que podemos conhecer através da nossa razão e subjetividade.

Assim, temos a definição de idealismo no ramo da filosofia. Mas, neste estudo, o que nos importa é entender como e se o idealismo foi uma ideia aplicada à investigação dos fenômenos sociais analisados por Weber através da sociologia compreensiva.

Até o final do século XIX, coube, sobretudo, aos filósofos empreender uma investigação do comportamento humano. Naquele momento, as ciências naturais já haviam se consolidado e a realização de estudos que tinham o homem como objeto iria se inspirar nas mesmas técnicas investigativas das ciências da natureza (biologia, química, física), como os métodos experimentais empiristas realizados em laboratórios. Utilizar métodos experimentais e hipotético-indutivos no estudo de uma determinada planta, por exemplo, é extremamente pertinente, tendo em vista que esta, em determinada situação de tempo e espaço, comporta-se de modo idêntico a qualquer outra planta de sua espécie, sofrendo algumas alterações físicas com mudanças de temperatura ou pressão. Mas, como empregar tais métodos no estudo do homem, que é um ser dotado de subjetividade, qualidade esta que dirige o seu modo de ser, agir e pensar? Além disso, o homem está inserido em uma realidade histórica em que o cotidiano sempre traz fatos novos e nunca se apresenta da mesma forma. Então, como estabelecer leis para investigar fatos que nunca ocorrem sempre da mesma maneira? A seguir, mostraremos algumas linhas de pensamento que buscaram dar uma resposta a essas indagações.

Uma delas seria a da escola positivista, inaugurada no século XIX por Augusto Comte e consolidada por Émile Durkheim. Comte acreditava que a **sociologia**, assim como a física da natureza, seria a física social. Assim, não se propunha a estudar o indivíduo em si, mas as leis gerais que determinavam os fatos humanos através dos métodos das ciências naturais. Durkheim consolidou esse pensamento ao elaborar a ideia do fato social – referente a fenômenos que se impõem coercitivamente e do exterior (sociedade) às consciências individuais. Portanto, importa para o pesquisador analisar a sociedade agindo sobre o indivíduo e como ela influencia seu comportamento, e não o contrário. O método utilizado para esse tipo de investigação seria principalmente a análise de dados estatísticos.

Em oposição ao método positivista, no final do século XIX e início do século XX surgiu o historicismo inaugurado por Dilthey, que negava o método experimental para a análise do comportamento humano. O historicismo é o herdeiro do idealismo, tendo em vista que levava muito mais em conta a análise da ação individual dotada de sentido e valores dados pela subjetividade humana e inserida em um determinado contexto histórico. Por isso, devia ser criado um método não experimental, mas que buscasse explicar e compreender o sentido dos fatos humanos através da causalidade histórica e das particularidades culturais de cada grupo a ser estudado.

[3.1]
Weber: idealista ou materialista?

Depois de expostas resumidamente algumas soluções dadas ao problema da investigação sociológica, buscaremos analisar como Weber se inseriu nesse contexto e quais as suas contribuições.

Primeiramente, é importante ressaltar que a discussão sobre qual linha de pensamento (idealista ou materialista) foi mais marcante para a formação da sociologia de Weber é muito controversa. Por isso, não faremos nenhuma afirmação contundente a esse respeito. Faremos apenas uma exposição sintética de como a questão foi abordada por alguns estudiosos, deixando a cargo do leitor a possibilidade de tirar suas próprias conclusões sobre o caráter idealista ou materialista do pensamento weberiano.

Marilena Chaui (1999), por exemplo, aponta dois problemas que a corrente historicista apresenta quando esta se propõe a superar o método positivista de interpretação da sociedade. O primeiro deles seria que a análise historicista pode tornar-se demasiadamente relativista, principalmente por considerar que os indivíduos e as instituições socioculturais nas quais estão inseridos só podem ser investigados com base em sua própria época histórica, não sendo possível o emprego de leis universais para a interpretação de uma dada realidade. O segundo problema apontado pela autora é que o historicismo, por considerar que os estudos socioculturais científicos sobre os indivíduos só seriam pertinentes se sustentados por uma teoria geral da história, poderia se transformar numa filosofia da história em vez de uma metodologia de investigação social. É por isso que Chaui (1999) pontua que Max Weber buscou, através da construção metodológica dos tipos ideais, criar um novo método de análise que superasse as barreiras de interpretação dadas pelo historicismo. Assim:

> *Para escapar dessas consequências, o sociólogo alemão Max Weber propôs que as ciências humanas – no caso, a sociologia e a economia – trabalhassem seus objetos como tipos ideais e não como fatos empíricos. O tipo ideal, como o nome indica, oferece construções conceituais puras, que permitem compreender e interpretar fatos particulares observáveis. Assim, por exemplo, O Estado se apresenta como uma forma de dominação social e política sob vários tipos ideais (dominação carismática, dominação pessoal burocrática, etc.), cabendo ao cientista verificar sob qual tipo encontra-se o caso particular investigado.* (Chaui, 1999, p. 273)

Notamos que a autora preocupa-se em demonstrar que o pensamento de Weber é resultado das ideias historicistas postuladas por Dilthey e que tiveram o idealismo como influência. No entanto, não considera que Max Weber seja parte da escola historicista. Podemos concluir que, na verdade, Chaui deixa claro que Weber é criador de um novo método científico para a investigação sociológica.

Por outro lado, Tragtenberg considera Weber como um dos autores integrantes do método historicista que estabeleciam a distinção entre a explicação (parte das ciências naturais) e compreensão (parte das ciências humanas) para determinar a relação causal entre os fenômenos. Temos, portanto, que:

> Dilthey (como Windelband e Rickert), contudo, foi sobretudo filósofo e historiador e não, propriamente, cientista social, no sentido que a expressão ganharia no século XX. Outros levaram o método da compreensão ao estudo de fatos humanos particulares, constituindo diversas disciplinas compreensivas. Na sociologia, a tarefa ficaria reservada a Max Weber. (Tragtenberg, 1985, p. 8)

Sendo assim, já que o autor concorda que Weber é parte integrante da escola de Dilthey, há a possibilidade de considerá-lo idealista, pois, como já apontamos, o historicismo é herdeiro das ideias idealistas. Quando Tragtenberg busca enquadrar o pensamento weberiano, sugere que:

> Weber, no plano metodológico, insere-se no idealismo filosófico; no plano da análise da ética das religiões, no idealismo histórico; na sua procura de uma elite à altura da Alemanha, com vocação política oriunda de uma burguesia sem capacidade de exercer o poder, acentua o idealismo político. (Tragtenberg, 2006, p. 202)

Em oposição a essas ideias, temos os escritos de Anthony Giddens. Ao propor que na obra *A ética protestante e o espírito do capitalismo* Weber está mais preocupado em analisar as consequências das religiões para a subjetividade humana do que suas lógicas internas, considera que Weber não está totalmente atrelado ao materialismo nem ao idealismo. Para Giddens (1994, p. 234):

Weber continua a recusar tanto o materialismo como o idealismo, não aceitando a interpretação geral das origens e dos efeitos dos fenômenos religiosos que uma e outra escola de pensamento propõem: "formas de organização econômica exteriormente muito semelhantes são compatíveis com éticas econômicas muito diferentes, podendo produzir, de acordo com o seu caráter específico, resultados históricos muito diferentes. Uma ética econômica não é uma mera função de uma organização econômica; e a afirmação inversa também não é verdadeira".

Assim, é plausível que façamos algumas ressalvas sobre o que significava o materialismo para Weber.

Se é verdade que, entre as referências teóricas presentes na Alemanha de seu tempo, Weber fundamentou a sociologia no intuito de diferenciá-la, por exemplo, do idealismo de Hegel, também o é a preocupação em refutar o materialismo histórico marxista. O marxismo era umas das mais influentes correntes de pensamento, não apenas na Alemanha, como também no resto da Europa durante a passagem do século XIX para o século XX, com forte incidência no movimento operário alemão. Na sua versão mais vulgarizada, o materialismo apresentava os fenômenos espirituais de uma época, as ideias e a cultura de uma sociedade como reflexo das condições econômicas dominantes. Para o materialismo vulgar, a economia seria a estrutura da sociedade, a política e a cultura constituiriam a superestrutura dessa mesma sociedade, havendo o predomínio da estrutura sobre a superestrutura. Esse era um ponto importante a ser debatido, tendo em vista que Weber considerava a sociologia como integrante do grupo das "ciências que se ocupam da vida cultural" (Weber, 1993, p. 108).

Ao iniciar sua exposição sobre as origens do **espírito capitalista**, no livro *A ética protestante e o espírito do capitalismo* (1904-1905), Weber procura refutar de imediato a hipótese segundo a qual as ideias e os padrões de comportamento surgem como reflexo das causas econômicas. Vejamos:

> *Para que um modo de vida tão bem adaptado às peculiaridades do capitalismo pudesse ter sido selecionado, isto é, pudesse vir a dominar os outros, ele teve de se originar em alguma parte e não apareceu em indivíduos isolados, mas como um modo de vida comum a grupos inteiros de homens. Esta origem é que, realmente, necessita ser explanada. Com referência à doutrina do mais ingênuo materialismo histórico, de que "tais ideias" se originam como "reflexo" ou como superestruturas de situações econômicas, somente podemos opinar mais detalhadamente numa ocasião posterior. Neste ponto, será suficiente para os nossos propósitos chamar a atenção para o fato de que, indubitavelmente, na terra natal de Benjamin Franklin (Massachusetts), o espírito do capitalismo (no sentido que lhe conferimos) estava presente antes do "desenvolvimento capitalista".* (Weber, 1996a, p. 34)

O que fica patente é a recusa do autor em reduzir as explicações dos fenômenos a um materialismo que se confunde com o puramente econômico. O que Weber não aceita é a ideia de que poderíamos explicar, por exemplo, a obra artística de Leonardo da Vinci simplesmente com base nas condições econômicas do Renascimento, ou a música de Beethoven como reflexo da Revolução Industrial europeia. Para ele, a compreensão que parte das relações econômicas tem seu valor científico, mas não pode ser convertida em principal ou único fator causal dos fenômenos históricos, sociais e culturais.

Finalmente, com a exposição dessas ideias, mais do que determinar em que corrente de pensamento (materialismo ou idealismo) melhor se encaixam os escritos weberianos, nosso intuito foi esclarecer quais as concepções de alguns autores sobre essa questão, deixando abertas as portas para as reflexões do leitor. Salientamos que a resposta a essa questão constitui um trabalho que demandaria uma demonstração mais sustentada do que a que podemos oferecer aqui. Mas fica a sugestão de que o caminho mais rico para interpretar Weber não pode restringir-se a um rígido enquadramento de seu pensamento em uma das tendências: idealismo ou materialismo.

Síntese

Neste capítulo, mostramos mais alguns aspectos referentes às influências intelectuais no pensamento de Weber, expondo como este é situado em relação às correntes de pensamento idealista e materialista. O idealismo é a corrente filosófica que considera a razão subjetiva como decisiva para a compreensão da realidade. Por outro lado, o materialismo, especialmente aquele derivado de um marxismo vulgar, enfatiza que seriam as condições materiais de existência, sobretudo as de caráter econômico, que explicariam a realidade social e a formação das ideias. Entre os comentadores da obra de Weber, há os que tendem a considerá-la como uma corrente idealista dentro da sociologia, e outros que, em contrapartida, enfatizam a oposição de Weber tanto em relação ao idealismo quanto ao materialismo vulgar. A nossa sugestão para a interpretação da sociologia do autor, a partir das considerações por ele feitas em *A ética protestante e o espírito do capitalismo*, é a de que o caminho mais rico para interpretá-lo não pode restringir-se a um rígido enquadramento de seu pensamento na tendência idealista ou na materialista.

Indicações culturais

Filme

O ENIGMA de Kaspar Hauser. Direção: Werner Herzog. Produção: Filmverlag der Autoren; Cine International; Werner Herzog Filmproduktion; Zweites Deutsches Fernsehen. Alemanha: Versátil, 1974. 109 min.

Para a melhor compreensão sobre a questão idealismo versus materialismo, temos como indicação esse filme. Ele é baseado em uma história real, que ocorreu em Nuremberg (Alemanha) em 1828, sobre a vida de um jovem que ficou preso em uma torre desde o seu nascimento até ser deixado em uma praça, por volta dos seus 15 anos, com apenas uma carta na mão. Com base nessa história, podemos analisar a questão posta pelo idealismo – se as ideias é que produzem as experiências sensíveis – e pelo materialismo – que acredita que os fatos concretos é que possibilitam a formulação das ideias.

Bibliografia

ENGELS, Friedrich.; MARX, Karl. **A ideologia alemã**: Feuerbach. São Paulo: Ciências Humanas, 1982.

Nessa obra, Marx e Engels apresentam o materialismo histórico, a metodologia e a teoria de análise da sociedade. Com base nisso, expõem os equívocos do pensamento idealista alemão representado na época pelos neo-hegelianos, herdeiros do pensamento do filósofo Hegel.

GIDDENS, Anthony. **Política, sociologia e teoria social**. São Paulo: Ed. da Unesp, 1998.

Anthony Giddens publicou uma série de estudos dedicados aos autores clássicos e contemporâneos do pensamento sociológico, sendo um dos importantes comentadores da obra de Max Weber.

TRAGTENBERG, Maurício. **Burocracia e ideologia**. São Paulo: Unesp, 2006.

Maurício Tragtenberg foi um dos autores que buscaram compreender o mundo contemporâneo com base em uma análise crítica da obra de Max Weber.

Atividades de autoavaliação

1) Analise os itens propostos, marque V para verdadeiro ou F para falso e assinale a alternativa com a sequência correta:

( ) O positivismo foi uma importante influência para o pensamento de Weber por enfatizar a importância da análise subjetiva para a compreensão da sociedade.

( ) Maurício Tragtenberg considera que Weber, além de herdeiro, é também representante da escola historicista inaugurada por Dilthey.

( ) O pensamento de Weber busca refutar as ideias presentes no materialismo vulgar, especialmente a tendência de reduzir a explicação de todos os fenômenos sociais às suas causas econômicas.

( ) Por ter elaborado o método de análise típico-ideal, podemos considerar, de acordo com Giddens, que Weber é especialmente um representante do pensamento idealista.

a) V, F, F, F
b) F, V, V, F

c) V, F, V, F
d) V, V, V, F

2) Leia o texto proposto pelos autores a seguir para a análise dos três itens subsequentes e assinale a alternativa que indica os itens **falsos**:

> Levando em consideração as diferenças entre as ideias políticas que predominaram no Brasil entre 1822 e 1889 e as que prevaleceram entre 1889 e 1930, podemos afirmar que as ideias hegemônicas no primeiro período apontado eram resultado de relações econômicas baseadas na escravidão, e aquelas dominantes no segundo período foram consequências de relações econômicas marcadas pela transição ao capitalismo industrial. No primeiro momento histórico (1822-1889), predominaram as ideias conservadoras; e no segundo (1889-1922), as concepções políticas liberais.

Fonte: os autores.

I   Por mostrar as ideias políticas como simples reflexos de relações econômicas, a análise realizada no texto expressa o materialismo vulgar criticado por Weber, como o fez no livro *A ética protestante e o espírito do capitalismo*.

II Por tomar as ideias políticas como objeto de análise, o texto acima é exemplar da abordagem filosófica idealista, aquela que caracteriza a sociologia compreensiva de

Weber.

III Por enfatizar a preponderância das ideias em relação às condições econômicas da sociedade brasileira, o texto se opõe ao materialismo vulgar criticado por Weber.

a) I.
b) II e III.
c) I e III.
d) Todos os itens.

3) Qual linha de pensamento considera que só existe aquilo que podemos conhecer através da nossa razão e subjetividade?

a) Materialismo histórico e dialético.
b) Positivismo.
c) Materialismo histórico vulgar.
d) Idealismo.

4) Assinale os itens a seguir em verdadeiro (V) ou falso (F) e escolha a alternativa com a sequência correta:

( ) Pelo fato de Weber utilizar o tipo ideal como instrumento de análise, há um consenso entre os analistas de sua obra sobre o caráter idealista de sua sociologia compreensiva.

( ) "Podemos afirmar que o espírito do capitalismo, entendido como um padrão de pensamento metódico e racional voltado para a acumulação de capital, precedeu o desenvolvimento econômico capitalista". Temos nessa afirmação um exemplo de análise que Weber considerava como materialista, histórica, vulgar e ingênua.

( ) Em oposição ao método positivista, no final do século XIX e início do século XX surge o historicismo inaugurado por Dilthey, que negava o método experimental para a análise do comportamento humano. O historicismo enfatizava a subjetividade humana, desconsiderada pelo positivismo. Nesses dois aspectos levantados, podemos considerar Weber mais próximo ao historicismo e distante do positivismo, mesmo sem considerar o autor um representante da filosofia idealista.

( ) A concepção materialista da história desenvolvida pelo pensamento marxista e com forte influência no movimento socialista alemão era um dos fatores que estava no cerne da polêmica entre as interpretações idealistas e materialistas das relações sociais. O que revela que esse debate não tinha um caráter apenas teórico, mas também político.

a) V, F, F, F
b) F, V, V, F
c) F, F, V, V
d) V, V, V, F

5) Por que Weber criou, segundo Marilena Chaui, o método de investigação sociológica baseado no **tipo ideal**?

a) Para prosseguir com a metodologia de análise desenvolvida pelo positivismo e pelo historicismo.

b) Para não incorrer nos problemas teóricos presentes nas escolas positivista e historicista e permitir à análise sociológica a compreensão e interpretação de fatos particulares observáveis.

c) O método de investigação baseado no tipo ideal serviria para eliminar os aspectos subjetivos da análise científica.

d) Para tornar a sociologia compatível com a análise materialista.

Atividades de aprendizagem
Questões para reflexão

1) Faça um estudo sobre a diferença entre as concepções filosóficas do idealismo e do materialismo.

2) Conforme o que foi abordado neste capítulo, entre os comentadores da obra de Weber há os que tendem a considerá-la como uma corrente idealista dentro da sociologia, e outros que, em contrapartida, enfatizam a oposição de Weber tanto em relação ao idealismo quanto ao materialismo vulgar. Faça um estudo sobre quais os principais argumentos de ambas as interpretações.

Sugerimos a utilização da bibliografia citada no item "Indicações culturais" deste capítulo como material de apoio para realização dessas atividades.

Atividade aplicada: prática

Assista ao filme:

O ENIGMA de Kaspar Hauser. Direção: Werner Herzog. Produção: Filmverlag der Autoren; Cine International; Werner Herzog Filmproduktion; Zweites Deutsches Fernsehen. Alemanha: Versátil, 1974. 109 min.

Com base em sua história, aponte os elementos idealistas e materialistas que atuaram na consciência do personagem para sua formulação e apreensão da realidade.

Fundamentos da sociologia compreensiva de Max Weber

[Capítulo 4]

Após a exposição do contexto histórico que envolvia e suscitava as questões para a reflexão de Weber, assim como as influências intelectuais de seu tempo com as quais dialogou para interpretar aquelas mesmas questões, abordaremos agora a própria obra do autor, mostrando seus aspectos teóricos e metodológicos e as possibilidades que ela abre para uma interpretação sociológica da realidade. Com esse objetivo, serão mostrados exemplos não apenas da obra do próprio Weber, mas também de autores que utilizaram suas indicações para a compreensão da realidade brasileira.

[4.1]
Teoria da ação social

Tendo vivido e participado de uma época de construção da sociologia enquanto um campo específico do conhecimento humano, Weber teve como preocupação delimitar tanto o objeto próprio da sociologia, no intuito de diferenciá-la de outras disciplinas (como a psicologia e a história)*, como definir o seu método de pesquisa e conhecimento da realidade. Os pontos de

---

*   O sociólogo Émile Durkheim (1858-1917) realizava o mesmo esforço na França. Embora Durkheim buscasse respostas para os mesmos dilemas enfrentados por Weber, sua sociologia era constituída de fundamentos teóricos muito diferentes e mais próximos ao método das ciências naturais.

referência a partir dos quais explica as relações humanas são: o indivíduo e a ação social.

É importante ressaltar a ênfase da sociologia de Weber na ação. Ao contrário das explicações de caráter evolucionista e positivista muito presentes na Europa entre o fim do século XIX e o início do século XX, que tendiam a desvalorizar o papel das ações humanas na construção da história, Weber trazia a ação social para o centro de sua reflexão, especialmente a ação do indivíduo. Ao discutir, por exemplo, sobre a impossibilidade de uma solução científica para os conflitos entre éticas distintas no mundo moderno, ele expressa esse ponto:

> *A cada um cabe decidir entre a dignidade religiosa conferida por essa ética ('não oponha resistência ao mal') e a dignidade de um ser viril, que prega algo muito diferente, como, por exemplo, 'resiste ao mal ou serás responsável pela vitória que ele alcance'. Nos termos das convicções mais profundas de cada pessoa, uma dessas éticas assumirá as feições do diabo, a outra as feições divinas e cada indivíduo terá de decidir, de seu próprio ponto de vista, o que, para ele, é deus e o que é o diabo.* (Weber, 1995, p. 447)

Para Weber, é no indivíduo que localizamos o ponto de partida para aceitação ou recusa de valores culturais, a afirmação ou negação de regras e padrões sociais, a construção das relações sociais. É o próprio indivíduo quem confere sentido à existência. Toda análise da vida social, portanto, teria como base o indivíduo. Esse é um aspecto característico do seu pensamento que não pode ser negligenciado, pois marca toda a sua obra, tanto no aspecto metodológico quanto nos temas que abordou como sociólogo. A sociologia compreensiva, portanto, caracteriza-se como uma ciência que tem por objetivo interpretar a ação social do indivíduo em um contexto de interações humanas, explicando-as em suas causas, seu desenvolvimento e seus efeitos. Nesse sentido, Weber deve ser entendido como um sociólogo que enxerga a sociedade com base na ação individual cotidiana, pois é por meio dela que se tornarão compreensíveis as chamadas *estruturas* ou *sistemas sociais*, como as instituições políticas e jurídicas, as organizações religiosas, o sistema econômico, os movimentos sociais, as relações de gênero e assim por diante*.

[4.2]
O objeto da sociologia: a ação social

Entre as diversas ações humanas realizadas no cotidiano da vida social, nem todas são abordadas pela sociologia. Weber define um tipo específico no campo das ações produzidas pelo homem: a ação social. Para o autor, ação social é toda aquela na qual o indivíduo age tendo um outro por referência. Assim, o discurso de um político para ganhar votos do eleitorado, o investimento que um empresário faz no *marketing* de sua empresa com o objetivo de se sobrepor à concorrência e o mestre que transmite ensinamentos aos seus discípulos são atos que constituem o que Weber considera o objeto da sociologia. Em todos esses

---

* Existem escolas de interpretação sociológica que fazem o raciocínio inverso, ou seja, concebem as ações e comportamentos individuais fundamentalmente como resultantes de uma determinada "estrutura" social, como o estruturalismo e o funcionalismo.

exemplos mencionados, há um sentido subjetivo orientando a ação em relação ao outro – ser eleito para um cargo político, obter lucro, doutrinação. Não é ação social aquela que não é orientada por uma perspectiva de comunicação ou influência sobre o outro, ou seja, que não tenha um sentido compartilhado com outro indivíduo no momento da ação. Não é ação social, por exemplo, aquela em que uma pessoa contempla uma paisagem ou o choque casual entre dois atletas que disputam uma prova de atletismo. No entanto, caso um dos envolvidos no choque o tenha provocado intencionalmente, ele realizou uma ação social.

Para Weber, a tarefa da sociologia é a de interpretar o significado da ação social, observando todo o percurso da ação, desde sua motivação inicial até as consequências sociais por ela produzidas. No texto *Sobre algumas categorias da sociologia compreensiva* (1913), Weber delimita essa tarefa da sociologia, definindo **quais as perguntas que orientarão o sociólogo**, ou qualquer outro pesquisador que assumir o ponto de vista sociológico, **ao abordar a realidade das ações humanas**: mediante que ação, provida de sentido, procuram os homens/mulheres realizar o conteúdo de sua aspiração? Que consequências compreensíveis teve ou terá essa aspiração no seu comportamento com referência ao comportamento de outros homens/mulheres também providos de sentido?

Assim, se quisermos, por exemplo, realizar um estudo sociológico sobre a trajetória de Getúlio Vargas no poder do Estado brasileiro, teremos de nos perguntar: quais suas motivações políticas e como procurou realizá-las diante dos desafios com os quais se deparava? Para responder a essa indagação, é necessário reconstruir, por meio da pesquisa, as ações de Getúlio Vargas para chegar ao poder do Estado, como ele posicionava-se diante dos conflitos provocados por seus opositores na disputa pelo poder, quais as ações realizadas para manter-se nele após conquistá-lo. Em suma, reconstituir a trama de ações na qual esse personagem histórico estava inserido e **interpretar** o sentido nelas presente. Esses mesmos questionamentos podem ser utilizados para a interpretação de situações em vários contextos e dependendo do interesse do pesquisador. Os atos cotidianos de um juiz no exercício de sua profissão, a trajetória de um empresário bem-sucedido no mercado, a ação de fiéis no intuito de difundir os ideais religiosos nos quais acreditam, a política dos trabalhadores para alterarem as relações entre patrões e empregados, enfim, qualquer situação na qual haja indivíduos interagindo.

No entanto, essa não é uma tarefa simples, pois as ações humanas são permeadas por diversos aspectos biológicos, psicológicos e sociais, o que pode dificultar sua compreensão. O grande desafio para a compreensão da ação social é saber o que de fato conseguimos apreender da realidade quando a observamos. O problema que se coloca para o sociólogo é muito semelhante ao de um pintor. Ao tentar reproduzir uma paisagem que observa, o pintor se defronta com alguns desafios: o limite de sua visão para enxergar toda a paisagem em seus detalhes; a mudança, mesmo que sutil, na tonalidade das cores da paisagem observada conforme as alterações na luminosidade do local que observa – a luz solar muda de intensidade conforme o passar do dia. Além disso, as cores de que dispõe o pintor dificilmente reproduzirão na íntegra as cores que observa. Portanto, por mais perspicaz e talentoso que seja, o retrato que pinta nunca reproduzirá fielmente a realidade observada; será apenas a seleção do que lhe foi mais captado pela sensibilidade de sua retina, de seu olhar, e pelo material que tinha disponível para realizar a sua arte. O quadro pintado será uma síntese do que conseguiu perceber daquela realidade, jamais uma reprodução idêntica ao que fora observado.

Para superar essa dificuldade na análise da realidade humana, Weber definiu critérios metodológicos que auxiliam a interpretação e compreensão da ação social. Vamos a eles.

[4.3]
O instrumento para a interpretação sociológica: o tipo ideal

Um primeiro ponto a não perder de vista é que interpretar a realidade é mais do que simplesmente descrevê-la. Descrever como ocorreu o suicídio de Getúlio Vargas pode ser útil para a análise sociológica, mas não é sua finalidade, pois em si mesma a descrição não revela qual o significado daquela ação, qual o sentido do ato suicida de acordo com aquele que o praticou – criar um impacto político contra seus inimigos, tentar por meio daquele ato a realização de um projeto político etc. Desse modo, para que não se restrinja a uma simples descrição de um ato realizado por um indivíduo, o sociólogo explica a ação social por meio da construção de tipos ideais, isto é, conceitos utilizados por ele que o auxiliam a selecionar e dar relevância aos aspectos mais importantes para a compreensão da ação social. Segundo Weber (1995, p. 413): "A sociologia constrói tipos ideais e procura descobrir regras gerais do acontecer".

Tais conceitos são, por analogia, como o quadro de um pintor, expressando o ponto de vista do sociólogo sobre a realidade observada. O tipo ideal expressa o que o pesquisador consegue captar de uma realidade observada e organizar de um modo coerente e racional na forma de um conceito. Nesse sentido, o tipo ideal nunca reproduz integralmente as relações humanas observadas, sendo antes uma construção do próprio sociólogo feita a partir dos dados que obtém por meio da pesquisa.

Weber citava como exemplo desse raciocínio as explicações dadas pelos economistas sobre o funcionamento de uma economia de mercado. Ao tentarem demonstrar a sua lógica interna e diferenciá-la da economia característica da Idade Média, ofereciam um quadro com suas características principais: o princípio da troca de mercadorias, o da livre concorrência e, fundamentalmente, a presença de indivíduos agindo racionalmente de acordo com esses princípios para a obtenção do lucro. Segundo Weber (1993, p. 137):

> Este quadro de pensamentos reúne determinadas relações e acontecimentos da vida histórica para formar um cosmo não contraditório de relações pensadas. Pelo seu conteúdo, essa construção reveste-se do caráter de uma utopia, obtida mediante a acentuação mental de determinados elementos da realidade.

Segundo o autor, é uma utopia por nunca se confundir com a realidade propriamente dita. Desse modo, após os economistas elaborarem esse quadro de funcionamento de uma economia de mercado, teriam a condição de determinar em cada caso particular se a economia de um país ou região que se propusessem a estudar está mais próxima ou mais distante do tipo ideal da economia de mercado. Para auxiliar essa análise, o pesquisador pode construir um tipo ideal referente ao sistema anterior à economia de mercado, marcado pela atividade artesanal. Segundo Weber (1993, p. 138):

> *E a este tipo ideal de artesanato pode ainda opor-se, por antítese, um tipo ideal correspondente a uma estrutura capitalista, obtido a partir da abstração de determinados traços da grande indústria moderna para, com base nisso, se tentar traçar a utopia de uma cultura capitalista, isto é, determinada unicamente pelo interesse de valorização dos capitais privados.*

Com a construção de tipos ideais que representam relações humanas diferentes e até opostas entre si, o sociólogo consegue aproximar-se da resposta às suas indagações.

Tomemos agora um exemplo desse raciocínio para a explicação de um caso referente à realidade brasileira. Um dos primeiros autores a utilizar a sociologia de Weber para a compreensão da realidade brasileira foi Sérgio Buarque de Holanda (1902-1982). No seu famoso livro *Raízes do Brasil*, publicado em 1936, uma de suas principais preocupações era identificar os problemas suscitados no país pela transição de uma sociedade agrária e familiar para uma com padrões urbanos e industriais. Para isso, recorreu à construção de conceitos típico-ideais, como vemos no texto a seguir:

> *Quem compare, por exemplo, o regime do trabalho das velhas corporações e grêmios de artesãos com a "escravidão dos salários" nas usinas modernas tem um elemento precioso para o julgamento da inquietação social de nossos dias. Nas velhas corporações o mestre e seus aprendizes e jornaleiros formavam como uma só família, cujos membros se sujeitam a uma hierarquia natural, mas que partilham das mesmas privações e confortos. Foi o moderno sistema industrial que, separando os empregadores e empregados nos processos de manufatura e diferenciando cada vez mais suas funções, suprimiu a atmosfera de intimidade que reinava entre uns e outros e estimulou os antagonismos de classe. O novo regime tornava mais fácil, além disso, ao capitalista, explorar o trabalho dos seus empregados, a troco de salários ínfimos.* (Holanda, 1996, p. 142)

Vemos nessa citação um claro contraste entre as relações que predominavam "nas velhas corporações" e aquelas características do moderno sistema industrial. Nas primeiras, há o predomínio das relações de proximidade, quase ocultando a hierarquia entre o mestre e o aprendiz; nas segundas relações, temos o distanciamento entre empregadores e empregados, afastando a possibilidade de aproximação e intimidade. Vejamos a continuidade do raciocínio do autor:

> *Para o empregador moderno – assinala um sociólogo norte-americano – o empregado transforma-se em um simples número: a relação humana desapareceu. A produção em larga escala, a organização de grandes massas de trabalho e complicados mecanismos para colossais rendimentos, acentuou, aparentemente, e exacerbou a separação das classes produtoras, tornando inevitável um sentimento de irresponsabilidade, da parte dos que dirigem, pelas vidas*

dos trabalhadores manuais. Compare-se o sistema de produção, tal como existia quando o mestre e seu aprendiz ou empregado trabalhavam na mesma sala e utilizavam os mesmos instrumentos, o que ocorre na organização habitual da corporação moderna. No primeiro, as relações de empregador e empregado eram pessoais e diretas, não havia autoridades intermediárias. Na última, entre o trabalhador manual e o derradeiro proprietário – o acionista – existe toda uma hierarquia de funcionários e autoridades representados pelo superintendente da usina, o diretor geral, o presidente da corporação, a junta executiva do conselho de diretoria e o próprio conselho de diretoria. Como é fácil que a responsabilidade por acidentes do trabalho, salários inadequados ou condições anti-higiênicas se perca de um extremo ao outro dessa série. (Holanda, 1996, p. 142)

Por meio da construção de dois conceitos típico-ideais, que representam formas opostas de organização do trabalho e de como os indivíduos orientam sua ação no espaço de trabalho, o autor expunha ao leitor um conflito presente na sociedade brasileira. Levantava também um fator novo e problemático presente no moderno sistema industrial que era imposto e tornava-se uma preocupação para os homens de seu tempo: a desumanização das relações sociais, pois a ação social do indivíduo nesse sistema visa apenas ao lucro.

Como vemos, a construção do tipo ideal pode servir para a interpretação de qualquer situação permeada pelas ações sociais, isto é, pelas ações recíprocas dos indivíduos. Um estudante de ciência política, por exemplo, pode construir um tipo ideal de uma instituição como o Congresso Nacional, elaborando pela pesquisa um modelo racional dessa instituição política de como deve ser a ação de um parlamentar e dos funcionários do Congresso, das responsabilidades de cada um desses grupos e das regras que devem orientar suas relações para depois comparar esse modelo com a atuação de um congresso na realidade. Isso também pode valer para o estudo de uma instituição empresarial, religiosa ou filantrópica, um comportamento social etc., dependendo sempre das indagações e preocupações do sociólogo ou qualquer um que queira lançar mão de uma análise sociológica segundo as diretrizes do pensamento de Weber.

Após a exposição de alguns exemplos de conceitos típico-ideais, temos a definição dada pelo próprio autor: "Tais conceitos são configurações nas quais construímos relações, por meio da categoria de possibilidade objetiva que a nossa imaginação, formada e orientada segundo a realidade, julga adequadas" (Weber, 1993, p. 140).

Há um elemento novo mencionado nessa citação que é a categoria de possibilidade objetiva. Pela explicação dessa categoria, poderemos identificar alguns elementos essenciais segundo os critérios metodológicos de Weber, além de expor os conceitos da sociologia compreensiva a fim de proporcionar a você os caminhos de interpretação da realidade por ela abertos. Para isso, precisamos entender propriamente o que é compreensão para Weber e como esse conceito é relacionado com o seu método de pesquisa.

[4.4]
Sociologia e compreensão

Voltemos agora à questão da compreensão do significado ou sentido da ação social – o objeto da sociologia – e sua relação com a construção do tipo ideal. Conforme a analogia que fizemos entre o desafio do sociólogo e o do pintor para reproduzir a realidade observada, o olhar do indivíduo que procura interpretar é, para Weber, sempre limitado, finito perante a realidade infinita. Como exemplo, vejamos o que ele afirmava em relação ao estudo sobre o cristianismo na Idade Média:

> *Os elementos da vida espiritual dos diversos indivíduos em determinada época da Idade Média, por exemplo, que poderíamos designar pelo termo de 'cristianismo' dos indivíduos em questão, continuariam, caso fôssemos capazes de expô-lo por completo, um caos de relações intelectuais e de sentimentos de toda sorte, infinitamente diferenciados e extremamente contraditórios, se bem que a Igreja da Idade Média tenha sido capaz de impor, em elevado grau, a unidade da fé e dos costumes.* (Weber, 1993, p. 142)

A questão é: como, portanto, pôr ordem nesse caos de relações intelectuais e sentimentos de toda sorte, identificando um sentido na ação do cristão e nas relações dos cristãos entre si ou do participante de qualquer outra relação social?

O ordenamento teórico desse caos vem pela compreensão, que significa na sociologia de Weber uma determinada forma de interpretar a realidade. Para o autor, há duas formas principais de compreensão. A primeira é a **compreensão direta** ou compreensão do sentido atual pensado numa ação*. Nesse caso, o pesquisador capta e compreende o sentido da ação pela observação direta e de modo imediato. Segundo Weber, compreendemos exatamente a proposição 2 x 2 = 4 quando ela é utilizada por um indivíduo em um raciocínio ou em uma discussão, assim como percebemos de modo imediato um acesso de cólera em um dos participantes de um debate ou de um confronto. No entanto, essas mesmas ações podem ser aprofundadas quanto à interpretação e à compreensão a partir do momento em que o pesquisador identifica o motivo da conduta daquele que age (levando em consideração sempre a ação que tem por referência um ou vários indivíduos, participando de uma situação de interação humana). Esse segundo tipo é o que Weber qualifica como **compreensão explicativa**. Assim, voltando aos exemplos anteriores, a utilização da proposição matemática por um economista ganha sentido na medida em que percebemos que é utilizada por ele para esclarecer seus argumentos e convencer a plateia sobre a verdade de seu raciocínio; o acesso de cólera e ofensa de um debatedor a um participante da discussão será esclarecida pelo fato de ser uma resposta a uma provocação feita pelo segundo ao primeiro, o qual se sentiu diretamente agredido em seus valores. Ao expor desse modo o desenvolvimento da ação de cada um desses indivíduos, o decisivo é o estabelecimento de um **motivo**.

---

*   Por serem encontradas duas formas de tradução, fazemos aqui a referência às duas possibilidades. A expressão *compreensão direta* aparece na tradução portuguesa da obra de Giddens (1994). A segunda, *compreensão do sentido atual pensado numa ação*, consta na tradução brasileira aqui utilizada (Weber, 1995).

Para a sociologia compreensiva, **motivo** é a conexão de sentido apresentada como o fundamento do comportamento ou da ação social tanto para quem a realiza quanto para aquele que a interpreta (pesquisador/sociólogo). Assim, entre a ação e seu resultado, o pesquisador estabelece o motivo que liga um ao outro, definindo uma sequência que poderá representar na sua forma ideal o sentido e o desenvolvimento da ação.

A reprodução dessa sequência será um passo decisivo para a construção do tipo ideal e para a explicação das causas que levam ou levaram à formação de um tipo de conduta ou padrão de comportamento, conflito entre interesses divergentes ou quaisquer outras situações constituídas por relações sociais. Vejamos um exemplo.

Suponhamos uma pessoa que todos os dias, às oito horas da manhã, entra em uma instituição de ensino e sai às treze horas. Por si mesmo, esse fato nada nos diz. Cabe, portanto, ao observador estabelecer suas perguntas em relação ao fato e interpretá-lo. Sendo essa pessoa, por exemplo, um professor, podemos perguntar o que o leva a proceder dessa maneira todos os dias: a necessidade de obter um salário para sobreviver, a prática de ensino como um ideal a ser realizado, a continuidade com uma atividade realizada há muito tempo por seus familiares (constituindo uma tradição familiar), o desejo de obter *status* perante a comunidade na qual convive. Enfim, várias podem ser as razões, dependendo do indivíduo em questão e da situação na qual é encontrado. O importante é que, ao desvendar uma ou mais dessas razões, o observador está estabelecendo o motivo daquela ação social, podendo demonstrar, a partir daí, qual o curso do seu desenvolvimento e suas consequências. Vamos a algumas hipóteses.

Caso a motivação do professor em questão seja predominantemente a da obtenção do salário, podemos supor que o agir dele tenderá a seguir as regras da instituição, tendo por consequência tanto a consolidação dos padrões da instituição como a sua permanência no cargo. Por outro lado, sendo a motivação um ideal a ser realizado pelo indivíduo, como o de educar os alunos para a liberdade de pensamento e o questionamento de todas as formas de autoridade, o desenvolvimento de sua ação no interior da instituição tenderá a ser o do conflito com seus superiores, levando à sua exclusão ou a uma reforma no padrão dessa mesma instituição.

Temos no exemplo a composição de um quadro ideal do desenvolvimento da ação individual com base na compreensão do motivo do agente. No entanto, para que a compreensão seja adequada do ponto de vista da sociologia de Weber, é importante a constatação da regularidade na ação.

Para ele, o comportamento humano em sociedade apresenta constâncias ou regularidades decisivas para a permanência dos padrões sociais que dão vida a essa mesma sociedade e suas diversas formas de organização e instituições, como os hábitos de comportamento, o modo de se vestir, de debater ideias, de solucionar conflitos etc. Voltando ao exemplo do professor, o que permite a interpretação de sua ação, do fundamento de seu comportamento, é a regularidade com que realiza a ação, ou seja, o próprio exame daquela situação indica que há a possibilidade e a probabilidade de que sua ação ocorra sempre de modo idêntico. Todos os dias ele comparece às aulas e orienta sua conduta com relação aos alunos em conformidade com as normas da instituição ou de acordo com seus valores fundamentais. Nesse caso, há a possibilidade objetiva da constância dessa ação, o que, pela própria citação de Weber feita anteriormente, irá auxiliar na construção de uma ação ou situação social típico-ideal.

A constatação da regularidade de um comportamento envolvido em uma rede de interação humana faz parte do que Weber considera conhecimento nomológico*, que pode ser obtido, por exemplo, por meio de levantamentos estatísticos.

O autor entende que o comportamento humano apresenta regularidades e conexões observáveis no seu desenvolvimento que podem ser interpretadas pela compreensão. Weber era contrário à ideia de que apenas nos fenômenos físicos e naturais podem ser observados regularidades e um comportamento previsível. Pelo contrário, sua constatação era a de que as ações humanas podem apresentar um alto grau de regularidade, o que possibilita a constituição de relações permanentes, hábitos, tradições, formas de pensamento, instituições, conferindo um alto grau de previsibilidade a muitas das ações humanas e permitindo a sua compreensão e a determinação de possibilidades e tendências na história.

O conceito da sociologia weberiana que expressa exemplarmente essa condição é o de **relação social**, que constitui um

---

*   Conhecimento que se refere a regularidades observáveis nos eventos. Nas palavras de Weber, "conhecimento das regularidades das conexões causais" (Weber, 1993, p. 130).

desdobramento da ação social. Para Weber, relação social consiste fundamentalmente na probabilidade de que vários agentes orientem a sua conduta em um sentido reciprocamente compartilhado. O conteúdo da relação social pode ser diverso: amor, amizade, inimizade, conflito, concorrência. O decisivo nesse conceito é que a atitude do indivíduo é realizada na expectativa de que o outro agirá no sentido esperado. Ao construir uma amizade, a expectativa é de sempre obter ajuda do outro; ao entrar em uma disputa eleitoral, a expectativa é a de que o adversário político busque o conflito.

Sem esse grau de regularidade e probabilidade observável, ficaria impossibilitada a própria construção dos conceitos sociológicos típico-ideais.

No livro *A ética protestante e o espírito do capitalismo*, no qual procurou mostrar a importância do protestantismo ascético* para a formação de um tipo de conduta decisiva para o capitalismo, Weber partiu exatamente dessa forma de constatação:

> *Qualquer observação da estatística ocupacional de um país de composição religiosa mista traz à luz, com notável frequência, um fenômeno que já tem provocado repetidas discussões na imprensa e literatura católicas e em congressos católicos na Alemanha: o fato de os líderes do mundo dos negócios e proprietários do capital, assim como dos níveis mais altos da mão de obra qualificada, principalmente o pessoal técnica e comercialmente especializado das modernas empresas, serem preponderantemente protestantes. Isso não*

---

* Doutrina religiosa que crê que o exercício prático do trabalho voltado para a obtenção de lucro leva à efetiva realização da virtude e à plenitude da vida moral.

ocorre apenas quando a diferença de religião coincide com uma de nacionalidade, e, em consequência, com uma de desenvolvimento cultural como é o caso dos alemães e dos poloneses da Alemanha Oriental. Dele se encontram manifestações nas estatísticas de filiação religiosa de qualquer parte em que o capitalismo na época de sua grande expansão, teve a possibilidade de alterar a distribuição social da população de acordo com as suas necessidades, e de lhe determinar sua estrutura ocupacional. (Weber, 1996a, p. 19)

Assim, além de um fato contemporâneo a Weber, a relação entre protestantismo e capitalismo ocorreu também no momento de expansão do capitalismo no século XVI, quando alguns dos principais países que se desenvolviam nesse sentido aderiram ao protestantismo ascético. Desse modo, com base na constatação das regularidades observadas no presente e no passado, o autor pôde traçar o curso de uma ação social que partiu de uma motivação religiosa encontrada nessa doutrina protestante. Esta gerou uma conduta racional voltada para o trabalho que foi fundamental para a expansão capitalista. Para estabelecer o curso dessa ação, foi decisiva, insistimos nesse ponto, a constatação de uma possibilidade objetiva da conduta dos protestantes que tenha ocorrido no sentido detectado pelo sociólogo.

Levando em consideração essas observações metodológicas, está aberto o caminho para a utilização da sociologia compreensiva para a interpretação das relações humanas nos aspectos que forem considerados significativos pelo pesquisador ou sociólogo, o que é feito pelo uso do tipo ideal como ferramenta metodológica. Jamais poderemos reviver o que pensou e sentiu César, o grande general romano. Isso seria impossível. Mas podemos perfeitamente interpretar o sentido de sua ação e desvendar o que ela ainda apresenta de significativo para nós. De acordo com o próprio Weber: "Não é necessário ser um César para compreender César" (Weber, 1995, p. 400-401).

Após essa exposição do que seriam os conceitos típico-ideais para Weber, assim como de sua importância para a análise sociológica, é importante ressaltar alguns pontos. Em primeiro lugar, nunca devemos confundir o tipo ideal com algo que deveria ser, ou que pretendemos realizar, na prática. Ao utilizar, por exemplo, o conceito de cristianismo para referir-se a uma determinada prática existente na história brasileira, o pesquisador está simplesmente caracterizando tais práticas de modo a torná-las claras em seu significado para a sociedade brasileira atual sem necessariamente defender a ideia de que o cristianismo é ou não necessário para essa mesma sociedade. Se assim o fizer, estará, segundo Weber, saindo da prática científica e entrando no campo da luta por determinados ideais. Tanto um padre católico quanto um ateu convicto podem perfeitamente produzir um trabalho científico sobre o significado do catolicismo para a cultura brasileira contemporânea pela formulação de um conceito típico-ideal de catolicismo, desde que não confundam a construção científica do conceito com o julgamento, favorável ou contrário, do fenômeno social analisado.

Em segundo lugar, é importante enfatizar que essa

característica construtiva da sociologia de Weber expressa nos tipos ideais é resultado de uma composição de dados e interpretações referentes à realidade observada. Conforme ressalta um dos mais importantes estudiosos de sua obra no Brasil, Gabriel Cohn, esse caráter subjetivo e construtivo do tipo ideal:

> *deriva da circunstância de que sua construção está subordinada à importância significativa que os traços dos eventos ou dos processos empíricos selecionados para compô-lo assumem para o pesquisador em termos das suas consequências aqui e agora (não importa, aqui, se se trata de eventos ocorridos no passado ou de processos que ocorrem no presente). Tomado na sua acepção plena o tipo é, portanto, a expressão metodológica da orientação do interesse dos cientistas que o constroem e aplicam.* (Cohn, 1979, p. 96)

Devido à infinidade de aspectos característicos da realidade social e cultural humana e da diversidade de preocupações que envolvem os pesquisadores de diferentes épocas e países, como sempre ressaltou o sociólogo alemão, a formulação de tipos ideais estará sempre em aberto. Nesse sentido, os próprios tipos ideais encontrados na obra de Weber podem ser repensados ou reformulados, dependendo das preocupações do pesquisador e dos problemas que ele se propõe a compreender. Assim, os conceitos elaborados pelo autor não devem ser tomados como explicações definitivas, mas como parâmetros elaborados com base no ponto de vista e nas questões do próprio Weber. Essa afirmação também deve ser levada em consideração com relação aos conceitos que serão apresentados a seguir.

[4.5]
Tipos de ação social e tipos de dominação
Faremos agora uma breve apresentação de alguns tipos ideais bastante comuns na obra de Weber e muito utilizados em análises sociológicas, inclusive de autores brasileiros.

[4.5.1] Tipos de ação social
A sociologia de Weber considera quatro tipos básicos de ação social, os quais servem como parâmetros para a interpretação das diferentes formas assumidas pela ação do indivíduo em sociedade. São elas: ação social afetiva, ação social tradicional, ação social racional com relação a valores e ação social racional com relação a fins. Vejamos cada uma delas mais detidamente.

- **Ação social afetiva:** é caracterizada fundamentalmente pelo seu aspecto emotivo, com o seu sentido sendo determinado por afetos ou pelo estado sentimental do indivíduo no momento da ação. O afeto dirigido a uma pessoa que se quer bem e a ira direcionada a um agressor são exemplos da ação afetiva. Conforme se percebe, o conceito de afeto empregado por Weber não se confunde com o sentido usual de afeição.
- **Ação social tradicional:** corresponde ao conjunto de ações dirigidas conforme uma atitude baseada no hábito, em costumes fortemente arraigados. Segundo Weber, "a massa de todas as ações cotidianas e habituais

se aproxima deste tipo" (Weber, 1995, p. 417), apresentando um aspecto quase mecânico. Podem ser pensados como representativos desse tipo de ação o simples ato de dizer "bom-dia" ao acordar, o filho católico que pede a benção aos pais quando os encontra, o soldado que veste a farda para ir ao quartel. Se assim o fazem por hábito, sua ação pode ser interpretada como tradicional.

- **Ação social racional com relação a valores:** é aquela na qual o indivíduo orienta sua ação de acordo com princípios morais ou valores considerados relevantes. O comportamento é coerente com suas convicções, independentemente das consequências que venha a ter para o próprio agente. O pacifista que se coloca diante de um tanque de guerra; o cristão que dedica a sua vida contra as injustiças sociais sem necessariamente pesar as consequências de seus atos, agindo segundo um "mandato" imperativo; enfim, ideais políticos, dogmas religiosos, princípios morais expressam esse modelo de ação. Em comparação com os outros tipos de ação anteriores, esse apresenta um grau de racionalidade maior no que se refere à forma como o indivíduo orienta sua ação, embora seja marcado por uma irracionalidade no que se refere às consequências do agir. Para exemplificar esse tipo de conduta, Weber recorria frequentemente – como no seu famoso texto *A política como vocação* – ao exemplo do cristão que se orienta pela ética presente no *Sermão da Montanha*: "o cristão faz o bem e deixa os resultados ao Senhor" (Weber, 1971, p. 144).

- **Ação social racional com relação a fins:** refere-se àquele que age racionalmente de acordo com os objetivos de sua ação, prevendo os meios necessários para alcançá--los e as consequências decorrentes. O general estrategista que objetiva vencer o inimigo na guerra, calculando os meios necessários para tal fim, age racionalmente com relação àquele objetivo. No entanto, para Weber, o campo de interações humanas que melhor expressa tal tipo de ação é o do mercado capitalista, em que o empresário atua racionalmente em função da obtenção de lucro. A ação econômica capitalista é exemplarmente racional com relação a fins:

> *Onde a apropriação capitalista é racionalmente efetuada, a ação correspondente é racionalmente calculada em termos de capital. Isso significa que ela se adapta a uma utilização planejada de recursos materiais ou pessoais como meio de aquisição, de tal forma que, ao término de um período econômico, o balanço da empresa em termos monetários exceda o capital, isto é, o valor estimado dos meios materiais de produção utilizados para a aquisição na troca.* (Weber, 1996a, p. 5)

Dos quatro conceitos que caracterizam a ação social, esse é o mais importante do ponto de vista da sociologia de Weber, por ser o que melhor expressa a racionalidade conferida a uma ação, desempenhando um papel-chave na análise das diferentes situações.

Conforme a exposição desses quatro conceitos, percebemos um movimento que vai do irracional, representado sobretudo pela ação afetiva e tradicional, até o máximo da racionalidade, representado pelo cálculo de adequação entre meios e fins. É a **ação racional com relação a fins** a mais expressiva do mundo moderno, marcado pelo processo de racionalização e desencantamento do mundo, permeando as diferentes esferas da vida, como o mercado e as organizações burocráticas, o que analisaremos mais adiante.

Do ponto de vista do modo como a sociologia de Weber interpreta a realidade, o conceito de **ação social com relação a fins** será referencial para a interpretação da ação dos indivíduos na vida social, por ser ele o mais compreensível do ponto de vista da racionalidade científica. Vejamos uma situação como exemplo para a aplicação dos conceitos expostos.

Nos estudos sobre as características das organizações políticas e econômicas do mundo contemporâneo, você pode verificar que temos, por exemplo, a burocracia como uma forma de organização bastante analisada devido a sua presença e expansão tanto nos Estados de economia capitalista quanto nos de tendências socialistas (ex-URSS, China, Cuba).

Assim, tomaremos e acentuaremos algumas características das burocracias a fim de formar seu tipo ideal, utilizando também as próprias indicações de Weber sobre o tema. Desse modo, suponha ser uma burocracia perfeita aquela que apresente as seguintes características: uma hierarquia de funcionários todos assalariados e treinados para suas respectivas funções; presença de cargos de chefia com todos agindo de modo exclusivamente impessoal, sem sentimentos pessoais ou paixões, segundo normas estabelecidas e com objetivos definidos, por exemplo, pelo Estado. Nesse caso, a ação do funcionário da burocracia é sempre racional com relação a fins, ou seja, sua conduta tem como meta atingir as finalidades do seu cargo (fiscalização dos recolhimentos de impostos em um município, por exemplo) de acordo com meios previstos, isto é, de acordo com procedimentos formais. Por outro lado, a seleção dos funcionários da organização burocrática em questão segue critérios impessoais de avaliação da competência técnica para o cargo. Sua característica, nesse sentido, é a da previsibilidade, tendo em vista que todos irão agir em conformidade com as regras. Temos, assim, um tipo ideal de burocracia.

Com base nesse tipo que tem como núcleo de seu funcionamento o indivíduo que atua de modo racional com relação aos fins estabelecidos pelo seu cargo, podemos efetuar uma comparação com os casos concretos para verificarmos a maior ou menor proximidade do caso estudado com o tipo construído e, consequentemente, apontar as causas de seu sucesso ou fracasso, os obstáculos que enfrenta para sua implementação etc., dependendo – conforme sempre salientado – das preocupações do pesquisador. Foi o que fez o já citado autor Sérgio Buarque de Holanda em seu livro *Raízes do Brasil*:

> *Não era fácil aos detentores de responsabilidade formados por tal ambiente compreenderem a distinção fundamental entre os domínios do privado e do público. Assim, eles se caracterizam justamente pelo que separa o funcionário "patrimonial" do puro burocrata conforme a definição de Max Weber. Para o funcionário patrimonial, a própria gestão política apresenta-se como assunto do seu interesse particular; as funções, os empregos e os benefícios que deles aufere*

relacionam-se a direitos pessoais dos funcionários e não a interesses objetivos, como sucede no verdadeiro Estado burocrático, em que prevalecem a especialização das funções e o esforço para se assegurarem garantias jurídicas aos cidadãos. A escolha dos homens que irão exercer funções públicas faz-se de acordo com a confiança pessoal que mereça os candidatos e muito menos de acordo com as suas capacidades próprias. Falta a tudo a ordenação impessoal que caracteriza a vida num Estado democrático. O funcionalismo patrimonial pode, com a progressiva divisão das funções e com a racionalização, adquirir traços burocráticos. Mas em sua essência ele é tanto mais diferente do burocrático, quanto mais caracterizados estejam os dois tipos. (Holanda, 1996, p. 145-146)

Como observa o autor, a conduta do funcionário patrimonial, que é representativo da sociedade brasileira, segue um padrão voltado à realização de interesses pessoais, não aqueles determinados pela instituição. Além disso, como revela o exemplo, a escolha dos funcionários é feita segundo as preferências pessoais daquele que seleciona e escolhe, não de acordo com o mérito ou capacidade demonstrada para o cargo, conferindo um caráter de dependência pessoal à relação entre os funcionários e seus chefes. Desse modo, o padrão de ação social tenderá para um caráter irracional tradicional ou afetivo, em oposição à ação racional com relação a fins do funcionário da burocracia, o que confere maior imprevisibilidade ao próprio funcionamento daquela forma de organização presente no Estado brasileiro.

Como você pode verificar, a caracterização de uma situação marcada pela imprevisibilidade e irracionalidade é realizada com o auxílio do conceito típico-ideal **ação racional com relação a fins**. Para Weber, toda a interpretação de processos, situações e relações constituídas pela ação social parte da seguinte constatação: como teria se comportado o indivíduo no caso limite, ou seja, típico-ideal racional com relação a fins. Essa constatação é o que permite a explicação causal de um fenômeno, seja no seu aspecto propriamente social, seja no seu aspecto histórico. Esse procedimento a sociologia compreensiva caracteriza como imputação causal.

Voltando ao exemplo de Sérgio Buarque de Holanda e a análise que fez sobre o Brasil, note que, após estabelecer o contraste entre a ação do funcionário patrimonial e a do puro burocrata no interior do Estado, o autor pôde remeter-se a uma das causas (imputação causal) da não formação de uma burocracia racional no Brasil:

> *No Brasil, pode-se dizer que só excepcionalmente tivemos um sistema administrativo e um corpo de funcionários puramente dedicados a interesses objetivos e fundados nesses interesses. Ao contrário, é possível acompanhar, ao longo de nossa história, o predomínio constante das vontades particulares que encontram seu ambiente próprio em círculos fechados e pouco acessíveis a uma ordenação impessoal. Dentre esses círculos, foi sem dúvida o da família aquele que se exprimiu com mais força e desenvoltura em nossa sociedade. E um dos efeitos decisivos da supremacia incontestável, absorvente, do núcleo familiar – a esfera, por excelência dos chamados "contatos primários" dos laços do sangue e de coração – está em que as relações que se criam na vida doméstica sempre forneceram o modelo obrigatório de qualquer composição social entre nós.*

> *Isso ocorre mesmo onde as instituições democráticas, fundadas em princípios neutros e abstratos, pretendem assentar a sociedade em normas antiparticularistas.* (Holanda, 1996, p. 146)

A esfera dos laços de sangue e de coração, baseadas na organização familiar, produz um padrão de comportamento tendente à ação tradicional (pelos laços de sangue) ou afetiva (coração). Acentuando unilateralmente determinados traços do círculo familiar e considerando-os como referenciais para o entendimento do tipo de ação social predominante no tipo brasileiro, Sérgio Buarque de Holanda consegue identificar o elemento que no desenvolvimento histórico brasileiro entra em conflito com um modelo administrativo burocrático e impessoal. Estabelece, desse modo, uma das **imputações causais** possíveis para explicar a não distinção entre os domínios do público (Estado) e privado (família) por parte dos integrantes dos cargos de Estado no Brasil. Isso também pode servir de referência para a compreensão de outros padrões de conduta no sistema administrativo brasileiro, como o nepotismo (favorecimento de parentes em detrimento de pessoas mais qualificadas para cargos políticos e administrativos).

[4.5.2] Os três tipos puros de dominação legítima

Um dos pressupostos fundamentais da sociologia de Weber é o de que a permanência de relações e práticas sociais mais diversas é garantida por relações de dominação. Dominador e dominado são personagens sempre presentes na sociologia compreensiva. Sem o consentimento dos governados, o domínio dos governantes através do Estado seria impossível, assim como a própria existência do Estado. O antropólogo francês Pierre Clastres, em viagem de estudos pela América do Sul, relatou a existência de sociedades indígenas que se organizavam sem a presença de um poder estatal, pois recusavam a existência de um chefe que tivesse o poder de decidir sobre a vida dos membros da aldeia. Devido à recusa de um poder coercitivo acima da sociedade, esses povos se caracterizavam, segundo Clastres, como "sociedades sem Estado". Do mesmo modo, sem a existência de um domínio nas relações de trabalho e o consentimento dos trabalhadores, não há como existir a figura do patrão ou do chefe que determina e supervisiona o que cada trabalhador realiza a cada dia de produção e trabalho.

Sem a aceitação de sua autoridade, não há como, por exemplo, um bispo ordenar aos padres como atuarem em uma determinada região ou país, ou a um pastor designar os meios pelos quais os seus fiéis seguidores chegarão ao reino dos céus. Portanto, os padrões de dominação em uma sociedade são decisivos para a compreensão do modo como os indivíduos orientam sua ação cotidiana e mereceram atenção especial na reflexão de Weber.

Para o autor, dominação é a probabilidade de encontrar obediência a uma determinada ordem, variando a característica do domínio conforme os motivos que justificam a submissão do dominado. Cabe ao pesquisador identificar quais os motivos da obediência, entendida como ação social, em cada caso estudado, tendo em vista as várias possibilidades de legitimação de um domínio:

> *A fidelidade inculcada pela educação e pelo hábito nas relações da criança com o chefe de família constitui o contraste mais típico com a posição do trabalhador ligado por contrato a uma empresa, de um lado, e com a relação religiosa emocional do membro de uma comunidade com relação a um profeta de outro.* (Weber, 1995, p. 353)

Para identificar os diferentes padrões de legitimação de um domínio, Weber construiu, com o auxílio da pesquisa histórica, três tipos ideais: dominação racional-legal, dominação tradicional e dominação carismática.

Vejamos, portanto, em que consistem esses três tipos de dominação.

Dominação legal (racional-legal)

Nesse tipo de dominação, a obediência é decorrência de um agir, por parte do dominado, conforme as regras racionalmente estabelecidas. Nesse caso, tanto os que mandam quanto os que se submetem à ordem o fazem de acordo com as regras instituídas ou estatuídas. Seu fundamento é um estatuto ou contrato sancionado que estipula as regras formais fornecedoras dos parâmetros para ação do indivíduo. As relações entre os indivíduos assumem nesse modelo um caráter impessoal, sem consideração à pessoa. Por exemplo, a obediência de um funcionário às ordens dadas por um chefe de sua empresa é, em última instância, o acatamento das regras do estatuto dessa mesma instituição. Submete-se ao cargo, não à pessoa. Quando nos submetemos a um mandato judicial expedido por um juiz, fazemos isso por estarmos submetidos à autoridade de um poder institucional expresso por aquele cargo, não porque somos obrigados a acatar a ordem daquela pessoa, provavelmente alguém que não faz parte do nosso convívio pessoal.

Para Weber, a dominação legal assume a forma hierarquizada entre chefes e subordinados (em uma empresa ou na burocracia do Estado), comandantes e comandados (caso de uma organização militar), que mantêm, como já mencionado, relações impessoais entre si e formam um quadro permanente de funcionários que garantem a continuidade da instituição ou organização da qual fazem parte. Portanto, toda forma de exercício do direito de domínio que siga regras estatuídas tenderá para o tipo racional-legal.

Para Weber, a burocracia é o tipo mais puro dessa forma de domínio, sua principal expressão, embora não seja o único. Na burocracia, seus integrantes agem racionalmente conforme a regras estabelecidas em seu estatuto, ou seja, conforme as responsabilidades – de mando ou obediência – e funções definidas para cada um, de forma a não prevalecerem seus interesses pessoais. Por outro lado, o critério da competência é decisivo para a composição e seleção de seu quadro. O concurso público, por exemplo, é um critério de seleção que corresponde a esse tipo de dominação. Na sua forma ideal, a burocracia é sustentada por um conjunto de funcionários disciplinados, assalariados e com treinamento específico para as funções que exercem, o que aumenta a probabilidade da eficiência de seu funcionamento e a sua estabilidade onde quer que seja constituída. Porém, na visão do autor, nenhuma dominação é exclusivamente burocrática devido à impossibilidade de um domínio exercido apenas por funcionários contratados.

Por essas características, Weber menciona que a burocracia se diferencia das outras formas de organização do mesmo modo que a máquina em relação aos instrumentos manuais que lhe antecederam, tornando o seu avanço irresistível no mundo moderno. O domínio burocrático é estendido sobre todas as formas de organização social e política: Estado, tribunais, empresas, universidades, igrejas, partidos, como vemos na afirmação a seguir:

> *Em um Estado moderno, o verdadeiro poder está necessária e inevitavelmente nas mãos da burocracia, e não se exerce por meio de discursos parlamentares nem por falas de monarcas, mas sim, mediante a condução da administração, na rotina do dia a dia. Isso é exato tanto com referência ao funcionalismo militar quanto ao civil. Pois é a partir de seu gabinete que oficiais superiores comandam até batalhas. [...] Na Igreja, o mais importante resultado (do Concílio Vaticano) de 1870 não foi o mui debatido dogma da infantibilidade, mas o episcopado universal (do papa) que criou a burocracia eclesiástica (Kaplanokratie) e transformou o bispo e o pároco, em contraste com a Idade Média, em meros funcionários do poder central, a Cúria romana. A mesma tendência burocrática predomina nas grandes empresas privadas de nossa época, na razão direta de seu tamanho, isto é, quanto maior for a empresa, maior será a burocracia que a envolve. Funcionários assalariados segundo as estatísticas aumentam mais depressa que os operários.*
> (Weber, 1985a, p. 16)

A dominação legal, corporificada na burocracia, é, portanto, a mais expressiva do mundo moderno, sendo este um dos temas recorrentes em sua obra e dos mais debatidos no campo das ciências sociais. Conforme exposto na introdução do presente trabalho, um dos motivos principais que levou Weber a estudar o avanço do processo de burocratização foi a forte incidência desta na Alemanha, tendo em vista que a modernização do Estado alemão conduzida por Bismarck fortaleceu o poder da burocracia estatal e seu peso nas decisões políticas do país. Mesmo reconhecendo a superioridade técnica da burocracia sob outras formas de organização, Weber não deixou de reconhecer os efeitos desumanizadores decorrentes das próprias características formais da burocracia. O excessivo controle normativo sobre os indivíduos e ameaça à liberdade individual seriam algumas das consequências advindas.

O diagnóstico sociológico de Weber sobre as tendências presentes no processo de burocratização apontava para o paradoxo de que o domínio racional-legal era convertido em irracional nas suas consequências, transformando-se em uma "jaula de ferro" que aprisionaria o espírito livre, impedindo a formação de indivíduos com a "mente dirigente" no campo da política e da economia, que seriam aqueles capazes de formular projetos e solucionar questões no campo da política e da economia. Esse é um dilema muito forte no mundo contemporâneo percebido por Weber a partir da realidade alemã.

Dominação tradicional

Na dominação tradicional, a obediência ocorre em virtude da crença ou aceitação de uma autoridade estabelecida há muito tempo. Weber considera duas as formas assumidas pelo domínio tradicional: a **patriarcal** e a **estamental** (ou **patrimonial**). Na **dominação patriarcal**, temos, como exemplos, a relação entre filho e chefe de família, entre senhor e súdito. Há nesses casos uma relação de fidelidade do dominado em relação ao senhor ou ao chefe de família, que tem sua autoridade legitimada por uma tradição que assume um caráter sagrado. Em contraste com a dominação legal, na patriarcal as regras estão em conformidade com a tradição e os costumes, diferente do estatuto racionalmente criado e que pode ser racionalmente modificado. Na dominação patriarcal, teríamos o "estatuto 'válido desde sempre'" e "para sempre".

Diante de um fato que não está previsto pela tradição, o dominador tem a liberdade para agir de acordo com sua vontade em relação aos dominados, de acordo com seus pontos de vista, suas simpatias ou suas antipatias, o que confere um caráter imprevisível e irracional à sua ação – para esses casos. A situação de um julgamento é exemplar dessa condição do dominador. Se a pena para uma determinada afronta aos costumes de uma comunidade não estiver determinada por sua tradição, como o rapto de uma criança, o julgamento do raptor dependerá da vontade livre do senhor ou chefe daquela comunidade. Você pode perceber que há um grau de arbitrariedade nesse caso, pois os limites para a ação do senhor será o de sua própria vontade. A dominação patriarcal tem em comum com a dominação legal o seu caráter estável. No entanto, o quadro administrativo que confere sustentação à dominação legal segue critérios de dependência pessoal em relação ao senhor ou chefe, ou seja, é composto por familiares, amigos pessoais, pessoas escolhidas (os favoritos do senhor) ou outros a ele ligados por vínculos de fidelidade, como os vassalos eram ligados ao senhor na Europa feudal. Nesse caso, não são decisivos para a composição do quadro administrativo critérios racionais e impessoais como os de competência, disciplina e especialização, com funcionários treinados especialmente para a função que exercem, mas sim os de dependência pessoal e fidelidade em relação ao senhor. A dominação patriarcal, segundo Weber, é o tipo mais puro da dominação tradicional.

Uma segunda forma é a **estamental**. Na **dominação estamental**, o dominado tem autonomia em relação ao senhor, o que não ocorre na patriarcal. Os dominados podem ser, inclusive, pessoas de proeminência social que detêm privilégios ou concessões do dominador, como no caso dos arrendatários de terra no feudalismo. Essa forma aparece de modo mais bem caracterizado na relação da nobreza com o rei no período feudal e a independência daquela em relação a este. Em um quadro administrativo estamental, o "funcionário" – membro da nobreza – que exerce um cargo orienta sua conduta pelo princípio da honra, aproximando seu comportamento de uma ação social tradicional ou racional com relação a valores, em oposição a um modo racional de acordo com as finalidades do cargo – como ocorre no tipo ideal de domínio racional-legal. Por outro lado, as relações de fidelidade pessoal ao senhor/chefe e os critérios não formais para a escolha dos membros da administração ainda são decisivos.

O conceito típico-ideal de dominação tradicional, seja na forma patriarcal ou estamental, foi utilizado por Weber em geral para caracterizar as formas de exercício do poder e da autoridade em um período pré-burocrático, marcado fortemente pela tradição e por formas de legitimação ligadas ao passado e à religião, como, por exemplo, o princípio da origem divina do poder real que, por tanto tempo, serviu como fundamento do poder real e estatal sobre os súditos. É o caso da análise que realizou sobre o Estado pré-burocrático: "A separação entre as estruturas patriarcal e estamental da dominação tradicional é básica para toda sociologia do Estado da época pré-burocrática" (Weber, 1995, p. 353). No caso específico da Alemanha, a dominação tradicional era sustentada por uma elite de grandes proprietários rurais, os *Junkers*, que baseavam seu poder sobre os camponeses em relações tradicionais de mando e dependência pessoal.

Dominação carismática

O domínio carismático não se vincula à tradição ou às normas racionalmente estabelecidas, mas fundamentalmente à devoção afetiva dos dominados ao dominador, que pode ser denominado senhor, chefe ou líder. Há uma crença, por parte do dominado, nas qualidades especiais do líder, reveladas pela sua oratória, intelecto, heroísmo ou "faculdades mágicas". A obediência tende a seguir um padrão de ação social afetiva, havendo um componente muito forte de irracionalidade nessa forma de dominação.

Seus tipos mais característicos, segundo Weber, seriam o domínio exercido pelo profeta, pelo herói guerreiro ou pelo grande demagogo. A dominação legal e a tradicional se expressam na forma de sistemas administrativos permanentes, desempenhando funções rotineiras ligadas à vida cotidiana. Em contrapartida, Weber qualifica a dominação carismática como "uma relação social especificamente extracotidiana e puramente pessoal" (Weber, 1995, p. 357). Nesse sentido, o carisma constitui uma das principais forças revolucionárias da história, por se opor ao que está instituído e regularizado em uma determinada ordem social, apontando para algo novo, para uma forma de sociedade baseada em novos valores.

O quadro administrativo de uma dominação carismática é formado por aqueles que se dispõem a seguir o líder, por acreditar no que ele professa. O tipo social que melhor expressa a obediência ao líder carismático é o do apóstolo ou discípulo, conforme existiu na história do cristianismo. Esse quadro administrativo não é selecionado, portanto, pelos critérios de qualificação profissional (dominação legal), posição social (dominação estamental) ou dependência pessoal (dominação patriarcal), estando ausentes os critérios de competência (dominação legal) e privilégio (dominação tradicional). A relação do dominador com os dominados também não segue regras específicas, estando sujeita às diretrizes do líder carismático em cada momento, o que irá conferir à dominação carismática em estado puro um caráter "eminentemente autoritário".

É esse o tipo de dominação que está mais sujeito à instabilidade. Caso não seja cumprida a palavra do líder carismático, ou seja, o propósito que ele professa, seu domínio tende a ser colocado em descrédito. Weber utiliza como exemplo o caso do monarca chinês:

> *O monarca chinês viu-se ameaçado em sua posição tão logo a seca, inundações, perda de colheitas ou outras calamidades punham em tela de juízo se estava ou não sob a proteção do céu. Tinha de proceder à autoacusação pública e de praticar penitência e, se a calamidade persistia, ameaçavam-no de queda do trono e ainda e eventualmente de sacrifício. O fazer-se acreditar por meio de milagres era exigido de todo profeta.* (Weber, 1995, p. 356)

Ressaltamos que não há qualquer juízo de valor na análise sociológica de Weber sobre a dominação carismática. Seus exemplos individuais são inúmeros na história e muitos deles eram porta-vozes de valores e projetos sociais conflitantes e até antagônicos entre si. Desse modo, Jesus Cristo, Lênin, Hitler, Gandhi, Martin Luther King e Antonio Conselheiro podem ser igualmente analisados a partir do conceito típico-ideal de dominação carismática proposto por Weber.

Esse conceito possui grande relevância na sociologia de Weber, pois é por meio dele que o autor aborda o papel do indivíduo na mudança social. As grandes figuras carismáticas da história tendem a aparecer nos momentos de crise social, seja como resposta a essa mesma crise, seja como um dos seus motivadores. Jesus Cristo na época do Império Romano, Lênin e Trostky diante do Império Czarista na Rússia, todos eles foram decisivos para o rompimento com a antiga ordem ou doutrina e implementação de algo novo no período e na sociedade em que viveram, fosse no campo religioso (Cristo) ou no campo político-social (Lênin e Trotsky). Nesse sentido, a liderança carismática revela a capacidade e a liberdade do indivíduo de optar por valores diferentes daqueles que são hegemônicos em uma sociedade, influenciando outros a seguirem seus ideais, o que pode, em última instância, levar a uma modificação nas instituições e organizações vigentes, à medida que os indivíduos deixam de orientar sua conduta em conformidade com regras vigentes – sejam estas baseadas na tradição ou racionalmente estabelecidas.

Os exemplos do parágrafo anterior constituiriam casos próximos ao tipo puro de dominação carismática, inclusive pelo impacto histórico que tiveram. O que não significa dizer que essa forma de dominação não seja reproduzida no cotidiano da vida social, embora de um modo menos impactante. Um chefe de uma empresa que consegue fazer com que seus subordinados nele acreditem e atuem no sentido por ele desejado (como alcance de metas, aumento de produtividade, reivindicações salariais) está exercendo, em alguma medida, um domínio baseado no carisma. Isso também ocorre quando uma pessoa consegue organizar os moradores de seu bairro em torno da luta por melhorias das condições de habitação e transporte. Quanto mais a relação dos moradores com seu líder apresentar uma devoção pessoal, quanto mais esse líder conseguir obter obediência e impor sua vontade por meio da persuasão e do uso da palavra, mais a situação aproxima-se tipo ideal de dominação carismática.

No entanto, nem toda forma de carisma está ligada às grandes personalidades da história, pois há o "carisma hereditário", que não está diretamente ligado à pessoa portadora do carisma, mas ao sangue, no caso de uma sucessão hereditária, ou à transmissão de qualidades mágicas por um ato sacramental em questão, como a unção ou a imposição das mãos sobre aquele que será portador do carisma. Nesse caso, pode haver uma mescla com formas tradicionais de legitimação do domínio.

Segundo Weber, a tendência de toda dominação carismática é a de ser substituída por uma forma de dominação estável, tradicional ou legal, ou de combinar-se com uma delas. O sistema presidencialista dos EUA era visto por ele como uma combinação de aspectos legais de dominação, expressos na burocracia de Estado norte-americana, com a forma carismática, expressa pelo presidente. Por ser um sistema de escolha de líderes por meio de eleições, o futuro chefe político tem de se aproximar das massas para obter os votos, o que exige dele algum grau de carisma para a conquista e manutenção do poder. Era o que ele classificava como "cesarismo plebiscitário"*.

A questão do carisma foi central na reflexão de Weber sobre a situação política do seu país, pois, como pensador político, Weber via no surgimento de lideranças políticas carismáticas na Alemanha o meio de conter o avanço irresistível da burocracia sobre o Estado. Segundo Giddens (1998, p. 63):

> *Enquanto, dentro dos sistemas de dominação legal, nas primeiras etapas do desenvolvimento político moderno, a liderança poderia advir dos círculos de "notáveis", com o avanço da burocracia o poder declinante desses grupos evidenciou o fato de que a racionalização da conduta apenas oferecia os "meios", não os "fins". Assim, o componente carismático previamente incorporado ao "carisma*

---

* Cesarismo representa uma analogia histórica com a figura de César (100-44 a.C.), líder político e militar na República Romana.

hereditário" associado às corporações de administração teriam, agora, que ser construídos com base na lealdade emocional entre líderes políticos modernos como personalidades e a massa de seus seguidores. Assim, mesmo reconhecendo os perigos potenciais do cesarismo, Weber foi conduzido pelos postulados de seu próprio sistema teórico a reconhecer a necessidade de propriedades carismáticas da liderança gestada pelo voto de massa.

Portanto, os tipos podem combinar-se de diferentes formas, o que deve ser desvendado na análise de cada caso em questão.

Síntese

Após o exposto neste capítulo, você pode notar que a sociologia compreensiva de Weber tem características bem definidas: seu objeto é a ação social do indivíduo, entendida como aquela ação que tem por referência o outro. Seu instrumento de análise é o tipo ideal, concebido como um conceito construído pelo pesquisador, visando à elaboração de hipóteses para a compreensão da realidade. O tipo ideal é o instrumento que permite ao pesquisador orientar-se diante da infinidade de aspectos observáveis na realidade social para compreendê-la. Para Weber, devido a essa infinidade e diversidade de preocupações que envolvem os pesquisadores de diferentes épocas e países, a formulação de tipos ideais estará sempre em aberto. Nesse sentido, os próprios tipos ideais encontrados na obra de Weber podem ser reconstruídos, dependendo das preocupações do pesquisador e dos problemas que ele se propõe a compreender. Dentre os tipos ideais presentes na obra de Weber, destacamos aqueles referentes à ação social e às formas de dominação como conceitos que permitem o entendimento não apenas da sociologia do autor, mas também de como ela pode ser utilizada para a interpretação das relações sociais, em suas permanências e modificações.

Indicações culturais

Filmes

UM ESTRANHO no ninho. Direção: Milos Forman. Produção: Fantasy Films. EUA: United Artists, 1975. 129 min.

A história se passa em um hospital psiquiátrico do Estado, o qual receberia um presidiário para avaliação. A instituição apresentada caracteriza-se por um rígido controle sobre os pacientes, submetidos a uma rotina cuidadosamente planejada. A história tem como elemento central o conflito gerado pelo novo interno, quem se contrapõe às normas postas pela direção do hospital. O filme é rico em situações que permitem analisar, por exemplo, as relações entre o indivíduo e uma instituição burocrática e a influência de uma liderança carismática na proposição de valores opostos aos valores dominantes no interior de uma instituição.

A MALDIÇÃO da flor dourada. Direção: Yimou Zhang. Produção: Beijing New Picture Film Co. China: Sony Pictures Classics, 2006. 114 min.

Nesse filme, podemos visualizar o tipo de dominação tradicional no Oriente. O filme mostra a vida do imperador chinês da última dinastia Tang no século X.

Bibliografia

WEBER, Max. **A ética protestante e o espírito do capitalismo.** São Paulo: Pioneira, 1996.

Nesse livro, um dos mais influentes na área de ciências sociais, o autor realiza um estudo sobre as relações entre religião e capitalismo.

WEBER, Max. A objetividade do conhecimento nas ciências sociais.

In:_____. Metodologia das Ciências Sociais: parte 1. São Paulo: Cortez; Campinas: Ed. da Unicamp, 1993.

Nesse texto, Weber expõe sua concepção sobre o conceito típico-ideal e seu papel para a construção do conhecimento científico.

WEBER, Max. Os três tipos puros de dominação legítima. In:_____. Metodologia das Ciências Sociais: parte 2. São Paulo: Cortez; Campinas: Ed. da Unicamp, 1995.

Nesse texto, Weber fundamenta a relação entre dominação e sociedade.

Atividades de autoavaliação

1) Leia atentamente o trecho a seguir:

> Todas as formas não burocráticas de domínio evidenciam uma coexistência peculiar: de um lado, há uma esfera de tradicionalismo rigoroso, e, do outro, uma esfera de arbitrariedade livre e de graças senhoriais.

Fonte: Weber, 1971, p. 252.

De acordo com Weber:

I. as formas não burocráticas de domínio seriam a dominação tradicional e a dominação carismática;
II. uma esfera de arbitrariedade livre e de graças senhoriais corresponderia tanto a uma forma de domínio racional-legal quanto uma forma de dominação carismática;
III. as formas não burocráticas de domínio não correspondem a um modelo baseado na interpretação racional da lei, à base de conceitos rigorosamente formais.

São verdadeiros:

a) Todos os itens.
b) I e III apenas.
c) II e III apenas.
d) I e II apenas.

2) Faça a leitura do texto a seguir:

> Ao entrar num presídio, o sentenciado passa um período na inclusão, local em que, teoricamente, são avaliados seu perfil e seu comportamento. Nela, perdem-se a liberdade e a identidade, transformadas num número, o de sua matrícula. Tiram suas impressões digitais, entregam-lhe a roupa da instituição, uma cópia do regimento interno, é entrevistado por assistentes sociais, passa pelo médico, vira uma engrenagem do sistema para obedecer às normas da casa. O processo de despersonalização do indivíduo é crescente e tão violento que, muitas vezes, chegada à época de sair do presídio, eles estão tão angustiados que não se readaptam à sociedade, pois se encontram perfeitamente adaptados às regras da instituição local.

Fonte: Barros, 2006.

Com base nessa leitura, temos que:
I. segundo a sociologia de Weber, a perda, por parte do sentenciado, de sua liberdade e identidade, transformadas em um número de matrícula, representa o poder da burocracia estatal sobre a vida do indivíduo;

II. para Weber, o tipo de dominação mencionado no trecho é a tradicional, já que os presos se habituam a cumprir certas normas a partir do momento em que estão inseridos nos mecanismos do sistema carcerário.

São verdadeiros os itens:
a) I apenas.
b) II apenas.
c) I e II.
d) Nenhum dos itens.

3) Leia a citação a seguir e assinale a alternativa correta:

> A mesma tendência burocrática predomina nas grandes empresas privadas de nossa época, na razão direta de seu tamanho, isto é, quanto maior for a empresa, maior será a burocracia que a envolve. Funcionários assalariados segundo as estatísticas aumentam mais depressa que os operários.

Fonte: Weber, 1985a, p. 16.

De acordo com as ideias de Weber, podemos dizer que as grandes empresas privadas de nossa época tendem a se organizar segundo um padrão de dominação:
a) tradicional-patriarcal.
b) tradicional-patrimonial.
c) carismático.
d) racional-legal.

4) Sobre a sociologia compreensiva de Weber, podemos afirmar:
a) Tem por objeto de estudo a ação social, abrangida por

quatro tipos: tradicional, afetiva, racional com relação a valores e racional com relação a fins. A ênfase na ação social aproxima a sociologia de Weber da sociologia positivista francesa.

b) Tem por objetivo a interpretação da ação social, entendida como a ação humana que tem o outro por referência. Seu instrumento principal de análise é o tipo ideal, utilizado para que o sociólogo consiga ordenar racionalmente a realidade com base nas suas indagações sobre o significado das condutas humanas.

c) Tem por objetivo a interpretação da psicologia humana, daí a importância dos aspectos subjetivos na análise de Weber, o que o distingue do positivismo.

d) Tem por objetivo a interpretação da ação social, entendida como a ação humana que tem o outro por referência. Seu instrumento principal de análise é o tipo ideal, utilizado para que o sociólogo consiga reproduzir a realidade observada em toda a sua integralidade e diversidade.

5) Assinale a alternativa que **não** está de acordo com a sociologia compreensiva de Weber:

a) O comportamento humano não seria plenamente compreensível por seu caráter irracional e imprevisível, diferentemente dos fenômenos naturais, os quais apresentam maior grau de previsibilidade.

b) A compreensão sociológica por meio da construção de tipos ideais permite ao pesquisador identificar, em uma sociedade, instituição ou grupo social observados, o que eles apresentam de mais significativo do ponto de vista da cultura na qual está inserido o próprio pesquisador.

c) As condutas, ações e relações humanas são compreensíveis exatamente por apresentarem regularidades e permanências passíveis de observação. As regularidades seriam constatadas pelo que Weber chamava de *conhecimento nomológico*.

d) Compreender sociologicamente a ação social de Napoleão Bonaparte é diferente de explicar a totalidade de suas motivações psicológicas e subjetivas.

Atividades de aprendizagem
Questões para reflexão

1) Identifique os tipos ideais referentes à religião na obra de Weber *A ética protestante e o espírito do capitalismo*.

2) Faça uma análise sobre a relação entre dominação e mudança social.

Sugerimos que você utilize a bibliografia citada no item "Indicações culturais" deste capítulo como material de apoio para realização dessas atividades.

Atividades aplicadas: prática

1) Para realizar a atividade proposta, leia a seguir a sentença sobre o caso do juiz de Niterói que entrou na justiça contra o condomínio em que morava por ser tratado por "você" pelo funcionário.

Poder Judiciário do Estado do Rio de Janeiro
Comarca de Niterói Nona Vara Cível

PROCESSO N 2005.002.003424-4

SENTENÇA

Cuidam-se os autos de ação de obrigação de fazer manejada por ANTONIO MARREIROS DA SILVA MELO NETO contra o CONDOMÍNIO DO EDIFÍCIO LUÍZA VILLAGE e JEANETTE GRANATO, alegando o autor fatos precedentes ocorridos no interior do prédio que o levaram a pedir que fosse tratado formalmente de "senhor". Disse o requerente que sofreu danos, e que esperava a procedência do pedido inicial para dar a ele autor e suas visitas o tratamento de "Doutor", "senhor" "Doutora", "senhora", sob pena de multa diária a ser fixada judicialmente, bem como requereu a condenação dos réus em dano moral não inferior a 100 salários mínimos. Instruem a inicial os documentos de fls. 8/28 (...) Em decorrência do despacho de fls. 303 v, as partes ofertaram seus respectivos memoriais, no aguardo desta sentença.

É O RELATÓRIO. DECIDO." O problema do fundamento de um direito apresenta-se diferentemente conforme se trate de buscar o fundamento de um direito que se tem ou de um direito que se gostaria de ter." (Noberto Bobbio, in "A Era dos Direitos", Editora Campus, pg. 15). Trata-se o autor de Juiz digno, merecendo todo o respeito deste sentenciante e de todas as demais pessoas da sociedade, não se justificando tamanha publicidade que tomou este processo. Agiu o requerente como jurisdicionado, na crença de seu direito. Plausível sua conduta, na medida em que atribuiu ao Estado a solução do conflito. Não deseja o ilustre Juiz tola bajulice, nem esta ação pode ter conotação de incompreensível futilidade. O cerne do inconformismo de cunho eminentemente subjetivo, e ninguém, a não ser o próprio autor, sente tal dor, e este sentenciante bem compreende o que tanto incomoda o probo Requerente. Está claro que não quer, nem nunca quis o autor, impor medo de autoridade, ou que lhe dediquem cumprimento laudatório, posto que é homem de notada grandeza e virtude. Entretanto, entendo que não lhe assiste razão jurídica na pretensão deduzida. "Doutor" não é forma de tratamento, e sim título acadêmico utilizado apenas quando se apresenta tese a uma banca e esta a julga merecedora de um doutoramento. Emprega-se apenas às pessoas que tenham tal grau, e mesmo assim no meio universitário.

Constitui-se mera tradição referir-se a outras pessoas de "doutor", sem o ser, e fora do meio acadêmico. Daí a expressão doutor *honoris causa* – para a honra –, que se trata de título conferido por uma universidade à guisa de homenagem a determinada pessoa, sem submetê-la a exame. Por outro lado, vale lembrar que "professor" e "mestre" são títulos exclusivos dos que se dedicam ao magistério, após concluído o curso de mestrado. Embora a expressão "senhor" confira a desejada formalidade às comunicações – não pronome –, e possa até o autor aspirar distanciamento em relação a qualquer pessoa, afastando intimidades, não existe regra legal que imponha obrigação ao empregado do condomínio a ele assim se referir. O empregado que se refere ao autor por "você", pode estar sendo cortês, posto que "você" não é pronome depreciativo. Isso é formalidade, decorrente do estilo de fala, sem quebra de hierarquia ou incidência de insubordinação.

Fala-se segundo sua classe social. O brasileiro tem tendência na variedade coloquial relaxada, em especial a classe "semiculta", que sequer se importa com isso. Na verdade "você" é variante – contração da locução – do tratamento respeitoso "Vossa Mercê". A professora de linguística Eliana Pitombo Teixeira ensina que os textos literários que apresentam altas frequências do pronome "você", devem ser classificados como formais. Em qualquer lugar desse país, é usual as pessoas serem chamadas de "seu" ou "dona", e isso é tratamento formal. Em recente pesquisa universitária, constatou-se que o simples uso do nome da pessoa substitui o senhor/ a senhora e você quando usados como prenome, isso porque soa como pejorativo tratamento diferente. Na edição promovida por Jorge Amado "Crônica de Viver Baiano Seiscentista", nos poemas de Gregório de Matos, destacou o escritor que Miércio Táti anotara que "você" é tratamento cerimonioso. (Rio de Janeiro/São Paulo, Record, 1999). Urge ressaltar que tratamento cerimonioso é reservado a círculos fechados da diplomacia, clero, governo, judiciário e meio acadêmico, como já se disse.

> A própria Presidência da República fez publicar Manual de Redação, instituindo o protocolo interno entre os demais Poderes. Mas na relação social não há ritual litúrgico a ser obedecido. Por isso que se diz que a alternância de "você" e "senhor" traduz-se numa questão sociolinguística, de difícil equação num país como o Brasil de várias influências regionais. Ao Judiciário não compete decidir sobre a relação de educação, etiqueta, cortesia ou coisas do gênero, a ser estabelecida entre o empregado do condomínio e o condômino, posto que isso é tema *interna corpore* daquela própria comunidade.
>
> Isto posto, por estar convicto de que inexiste direito a ser agasalhado, mesmo que lamentando o incômodo pessoal experimentado pelo ilustre autor, julgo improcedente o pedido inicial, condenando o postulante no pagamento de custas e honorários de 10% sobre o valor da causa. P.R.I.
> (Niterói, 2 de maio de 2005)
> ALEXANDRE EDUARDO SCISINIO
> Juiz de Direito

Fonte: Erdelyi, 2008.

1) Com base na teoria sociológica de Weber, analise:

   a) A exigência do Juiz Antonio M. S. Melo Neto, "na crença de seu direito", de ser chamado de *doutor* pelo funcionário corresponderia a qual forma de dominação?

   b) O julgamento do juiz expressa que forma de dominação?

2) Com base nos conceitos presentes nos textos de Weber, como dominação, burocracia, impessoalidade, tipos ideais etc., analise os problemas e situações descritas no texto a seguir:

> Os portugueses, assim como os espanhóis, designavam como administradores membros da nobreza, que procuravam, por intermédio de seus postos, enriquecer seus cofres pessoais e sua posição social. [...] Com todos os desdobramentos da era colonial, esses administradores portugueses de nascimento passaram a enfrentar uma crescente elite crioula – brancos de descendência portuguesa nascidos no Brasil – que começava a ver seus interesses diferindo dos da Coroa. Para essa elite, como para outras, os laços familiares eram cruciais na obtenção de favores do poder do Estado. Clãs familiares regularmente infiltravam a estrutura do Estado, direcionando-a para vantagem própria.

Fonte: Skidmore, 1998.

3) Responda se o sistema administrativo presente na situação do texto a seguir corresponde ao tipo ideal de burocracia, conforme a definição de Weber, justificando sua resposta:

> Com o passar dos anos, desembargadores, juízes, ouvidores, escrivães, meirinhos, cobradores de impostos, almoxarifes, administradores e burocratas em geral – os chamados letrados – encontravam-se em posição sólida o suficiente para instituir uma espécie de poder paralelo, um "quase estado",

que, de certo modo, conseguiria arrebatar das mãos do rei as funções administrativas. Esse mesmo funcionalismo tratou de articular também determinadas fórmulas legais e informais que lhe permitiram transformar-se em um grupo autoperpetuador: os cargos em geral eram passados de pai para filho, ou então para parentes e amigos próximos. As autoridades que, a partir de março de 1549, desembarcariam no Brasil com a missão de instalar o governo-geral se enquadravam nesse perfil. O ouvidor-geral (espécie de Ministro da Justiça), desembargador Pero Borges, e o provedor-mor (quase um ministro da economia), Antônio Cardoso de Barros, além de ganharem bem e de terem obtido seus empregos graças a indicações da corte, eram assessorados por um contingente de funcionários "em número sem dúvida desproporcionado para as coisas do governo", de acordo com a análise do historiador Édson Carneiro. Tanto Borges quanto Cardoso de Barros foram acusados de desviar dinheiro do Tesouro Régio.

Fonte: Bueno, 2003.

A objetividade do conhecimento nas ciências sociais

[Capítulo 5]

O tema e a concepção sobre a objetividade do conhecimento da realidade humana sempre foram muito caros a Weber, sendo essa objetividade um dos pilares de sua sociologia compreensiva e chave para o entendimento de sua visão de mundo. Analisando sua concepção sobre esse tema, podemos compreender sua posição sobre as características e propósitos de qualquer análise científica da vida social no mundo moderno, profundamente marcado pelo processo de racionalização e desencantamento do mundo*.

Um dos problemas com os quais Weber lidava na construção da sociologia era o de definir a relação entre análise científica e os valores daquele que a realiza. Como visto no item sobre a construção dos conceitos típico-ideais, qualquer estudo sobre a realidade parte de uma preocupação ou indagação inicial do pesquisador, o que deriva, em última instância, dos seus próprios valores. Desse modo, um autor que realiza um estudo sobre as instituições políticas democráticas o faz provavelmente para verificar as possibilidades de implementação e consolidação de um regime democrático em seu país por atribuir à democracia um valor como forma de governo; uma pesquisa sobre relações raciais no Brasil pode ser baseada em uma

---

*   Os conceitos **racionalização** e **desencantamento** do mundo serão explicados no próximo capítulo.

preocupação sobre a posição do negro na sociedade brasileira e se há alternativas para a reversão da sua condição de excluído, por ter a igualdade como um valor fundamental. Os exemplos podem ser inúmeros. O próprio Weber desenvolvia sua análise com base nas questões que derivavam de seus valores e das possibilidades de realização deles na sociedade alemã.

Conforme vimos no capítulo inicial do presente trabalho, entre as questões que motivavam o trabalho intelectual de Weber estavam: como preservar a liberdade individual diante do avanço do domínio burocrático? Como superar a herança da política de Bismarck na Alemanha? Quais as consequências para a vida moderna com o predomínio inexorável da racionalização e do desencantamento do mundo? Todas essas questões estão na base de suas formulações sociológicas.

Portanto, de acordo com esse raciocínio, o ponto de partida da análise científica, de caráter histórico ou sociológico, nunca é neutro, apresentando um aspecto subjetivo que é fundamental para a seleção do objeto. Em termos metodológicos, diríamos que nessa perspectiva é o sujeito quem constrói o objeto de conhecimento. Nesse sentido, a sociologia compreensiva de Weber distingue-se da sociologia positivista francesa que relacionada a autores como Augusto Comte, considerado pai da sociologia francesa, e Émile Durkheim. Para o positivismo, a realidade produzida pela vida em sociedade é exterior ao indivíduo e a ele se impõe, conforme está exemplarmente exposto na teoria do fato social de Durkheim. O fato social, objeto da sociologia durkheimiana, é uma força exterior que deve ser captada e mensurada pelo pesquisador, quem recorre às estatísticas, mas nunca será entendida como uma construção mediada pela subjetividade do sociólogo, com suas ideias de valor.

No entanto, segundo Weber, os valores ideais do pesquisador só devem influenciar a pesquisa no momento da escolha do objeto a ser analisado, tendo de ser excluídos no ato da análise. Esse é o primeiro passo para garantirmos a objetividade na compreensão de qualquer fenômeno social. É o que ele considera como neutralidade axiológica, isto é, neutralidade em relação a valores. Ao realizar o estudo de seu objeto de pesquisa, sendo este instituição política, empresas, comportamentos sociais etc., o cientista não pode julgar esse objeto de acordo com seus ideais, pois somente assim o resultado alcançado é considerado cientificamente válido por qualquer outro pesquisador que compartilhe da metodologia científica para a interpretação das relações sociais, seja ele alemão, brasileiro ou chinês. Logo, o fato de a seleção e a identificação dos temas relevantes serem feitas pela sociologia e demais ciências históricas de forma subjetiva não significa que não possamos realizar uma interpretação objetivamente válida. A explicação causal realizada pode ser comprovada por outras pessoas, o que varia é apenas o maior ou menor interesse pelo assunto abordado de acordo com as ideias de valor que dominem o pesquisador e o investigador.

> *não devemos deduzir de tudo isto que a investigação científico-cultural apenas conseguiria obter resultados "subjetivos", no sentido de serem válidos para uns mas não para outros. O que varia é o*

> *grau de interesse que se manifesta por um ou por outro. [...] Porque só é uma verdade científica aquilo que pretende ser válido para todos os que querem a verdade.* (Weber, 1993, p. 133)

O outro ponto decisivo para o alcance da objetividade do conhecimento nas ciências sociais é a **separação entre o conhecimento empírico**, obtido mediante a interpretação da ação e das relações sociais, e **juízos de valor** sobre o que é estudado. De acordo com a concepção de Weber, jamais o conhecimento científico poderá fornecer um julgamento de valor sobre aquilo que é analisado. Assim, de um estudo sobre a democracia não pode derivar um julgamento que diga ser ela uma forma necessária ou não de governar a sociedade, se é ou não condizente com o gênero humano. Esse é um posicionamento que não cabe ao estudo científico responder.

Em um texto que redigiu sobre o assunto para a revista científica *Arquivo para a Ciência Social e a Política Social*, da qual participava, Weber (1993, p. 109-111) esclarece sua posição:

> *é nossa opinião de que jamais pode ser tarefa de uma ciência empírica proporcionar normas e ideais obrigatórios, dos quais se possa derivar "receitas para a prática". Porém, o que se depreende dessa afirmação? Juízos de valor não deveriam ser extraídos de maneira nenhuma da análise científica, devido ao fato de derivarem, em última instância, de determinados ideais, e de por isso terem origens "subjetivas". A práxis e o fim de nossa revista desautorizará sempre semelhante afirmação. [...] uma ciência empírica não pode ensinar a ninguém o que deve fazer.*

Esse é o princípio que orienta a construção de um conceito típico-ideal. Ao formular esse conceito com base em dados obtidos pela pesquisa, o sociólogo deve reconstruir as ações e relações sociais estudadas nos aspectos significativos para a interpretação e explicação dos problemas que lhe interessam, mas sem inserir sua posição pessoal a respeito do fenômeno estudado, o que invalidaria o conceito típico-ideal como meio científico de conhecimento da realidade.

Tomando o exemplo do cristianismo, Weber salienta que, ao construir um conceito típico-ideal para compreendê-lo, esse conceito não pode conter aquilo que "O cristianismo deveria ser segundo o ponto de vista do cientista; aquilo que, na sua opinião, é 'essencial' nesta religião, porque representa um valor permanente para ele" (Weber, 1993, p. 143). Se assim o fizer, estará afastando-se do campo científico para fazer uma profissão de fé pessoal, contra ou a favor do cristianismo, não uma construção típico-ideal nos moldes da sociologia compreensiva, o que, em última instância, prejudica uma avaliação mais precisa sobre o significado específico do cristianismo para a época na qual vive o próprio pesquisador. Tem o sociólogo o dever do "autocontrole científico" (Weber, 1993) no momento da análise.

Procurando manter-se coerente com seus próprios pressupostos, Weber não atribui autoridade científica inclusive aos seus próprios textos nos quais defendia suas opções políticas. É o caso dos artigos que escreveu *Parlamentarismo e Governo numa Alemanha reconstruída,* nos quais debateu os caminhos possíveis para a Alemanha no pós-guerra (1914-1918). Na apresentação do texto, o autor esclarece:

> *Este trabalho político é uma revisão e uma ampliação de artigos publicados no Frankfurter Zeitung durante o verão de 1917. O ensaio não proporciona quaisquer novas informações para especialistas em constituições e também não pretende ter autoridade científica, pois as decisões últimas da vontade não podem ser tomadas por meios científicos [...] O autor optou por suas opiniões políticas porque os acontecimentos das últimas décadas há muito o convenceram de que toda a política alemã, independente de seus objetivos, está condenada ao fracasso, em vista da estrutura constitucional e da natureza de nossa máquina política, e de que essa situação perdurará se as condições não mudarem. Mais ainda, ele considera muito improvável que sempre existirão líderes militares, ao preço de enormes sacrifícios de vida.* (Weber, 1985a, p. 3-6)

Nesse texto, o autor procura deixar claro ao leitor que quem expõe é o político, aquele que quer uma transformação baseada em seus valores, não o sociólogo. Como observou um estudioso da obra de Weber: "Na essência do mundo weberiano há uma tensão irreconciliável entre os valores e a ciência" (Mayer, 1985, p. 85).

Pelo que já expomos, você pode notar que os valores culturais do pesquisador/sociólogo constituem o estímulo à pesquisa e à seleção do tema, mas a objetividade do conhecimento vem por meio de uma nítida separação entre valores defendidos e procedimentos científicos.

Fica agora a questão sobre qual o papel e o significado da

ciência para Weber, o que implica entender o próprio papel e significado da sociologia compreensiva no mundo contemporâneo. A resposta a essa indagação depende, no entanto, da compreensão sobre o que o autor entendia por racionalização da vida moderna, fenômeno que perpassa todas as dimensões da vida social e do qual o progresso da ciência constitui um de seus aspectos mais importantes. Este será nosso tema do próximo capítulo.

Síntese

Neste capítulo, vimos como o tema da objetividade é um dos pilares da sociologia de Weber e de como esse autor concebe a relação entre o conhecimento da realidade e a ação prática. Distinguindo a sua sociologia da positivista, Weber considera que o ponto de partida da análise científica, de caráter histórico ou sociológico, nunca é neutro, apresentando um aspecto subjetivo que é fundamental para a seleção do objeto. No entanto, para ser garantida a objetividade na compreensão de qualquer fenômeno social, no ato da análise deve ocorrer a separação entre conhecimento empírico e juízos de valor. Somente assim o resultado alcançado será considerado cientificamente válido.

Indicações culturais

Filmes

FAHRENHEIT 9/11, Direção: Michael Moore. Produção: Miramax Films; Lions Gate Films Inc.; Ellowship Adventure Group; Dog Eat Dog Films. EUA: Europa Filmes, 2004. 116 min.

Nesse documentário, o diretor investiga as razões do famoso atentado de 11 de setembro de 2001 nos EUA a partir das relações comerciais entre a família Bush e a Arábia Saudita, incluindo a família de Bin Laden, mentor intelectual do atentado. É um documentário interessante para uma discussão sobre a relação entre juízos de valor e apresentação dos fatos, ou seja, de como os valores atuam na construção de uma verdade em que alguém quer fazer outros acreditarem.

Bibliografia

WEBER, Max. A ciência como vocação. In:_____. **Metodologia das Ciências Sociais:** parte 2. São Paulo: Cortez; Campinas: Ed. da Unicamp, 1995.

Nesse capítulo do livro Metodologia das Ciências Sócias, *Weber expõe sua concepção de como é a conduta do indivíduo que se propõe a fazer ciência e de como é a análise sociológica em si no mundo contemporâneo.*

Atividades de autoavaliação

1) Leia a frase a seguir, analise os itens I, II e III e assinale a alternativa que apresenta os itens verdadeiros:

> [...] as decisões últimas da vontade não podem ser tomadas por meios científicos.

Fonte: Weber, 1985a.

I. A afirmação revela um dos pressupostos da sociologia compreensiva de Weber, ou seja, a separação que o sociólogo deve fazer entre o conhecimento obtido pela análise científica e suas preferências de caráter ético, religioso ou político. De acordo com Weber, uma análise científica jamais pode servir para justificar as preferências individuais do próprio cientista.

II. Embora reconheça que as decisões últimas da vontade não possam ser tomadas por meios científicos, Weber reconhece que a análise científica está ligada a valores no momento em que o pesquisador escolhe o objeto a ser estudado.

III. Percebemos na afirmação feita por Weber o reconhecimento da autonomia da ciência em relação a outras esferas de ação humana, como a política, a arte ou a religião.

a) I e II.
b) II e III.
c) I e III.
d) I, II e III.

2) Analise os itens I, II e III e assinale a alternativa que apresenta os itens falsos:

> Demonstrei ainda, mais adiante, com mais detalhes, como era por vezes deficiente, e até infantil, o seu conhecimento [o de Proudhon] sobre economia política que se propôs a criticar, e como, do mesmo modo que os utópicos, ele andava à cata de uma pretensa "ciência" de acordo com a qual seria inventada a priori uma fórmula para a "solução da questão social", em vez de procurar a fonte da ciência no conhecimento crítico do movimento histórico, movimento esse que produz ele próprio as condições materiais da emancipação.

Fonte: Marx, 2008.

I. Podemos considerar que a preocupação de Proudhon em criar uma ciência que traria respostas à questão social está de acordo com os critérios de objetividade da ciência propostos por Weber, na medida em que pode conferir maior eficácia para a solução dos problemas sociais.

II. Ao defender que a fonte da ciência deve ser buscada no conhecimento crítico da história, a qual produz as condições para a emancipação humana, Marx propõe uma ligação entre teoria científica e prática, o que estaria em desacordo com o pensamento de Weber.

III. Ao relacionar ciência e emancipação humana, Marx estaria conferindo uma finalidade política ao conhecimento científico, o que o aproximaria das concepções de Weber sobre o papel social da sociologia compreensiva.

a) Nenhum dos itens.
b) I e III.
c) II e III.
d) Todos os itens.

3) Assinale a alternativa correta sobre o trecho a seguir:

> Desde que o ascetismo começou a remodelar o mundo e a nele se desenvolver, os bens materiais foram assumindo uma crescente, e, finalmente, uma inexorável força sobre os homens, como nunca antes na História. [...] Ninguém sabe ainda a quem caberá no futuro viver nessa prisão, ou se, no fim desse tremendo desenvolvimento, não surgirão profetas inteiramente novos, ou um vigoroso renascimento de

> velhos pensamentos e ideias, ou ainda se nenhuma dessas duas – a eventualidade de uma petrificação mecanizada caracterizada por esta convulsiva espécie de autojustificação.
>
> Nesse caso, os "últimos homens" desse desenvolvimento cultural poderiam ser designados como "especialistas sem espírito, sensualistas sem coração, nulidades que imaginam ter atingido um nível de civilização nunca antes alcançado". Mas, com isto, alcançamos o campo dos juízos de crença e de valor, com os quais não deve ser sobrecarregada essa exposição puramente histórica.

Fonte: Weber, 1985a.

a) Ao afirmar que os "últimos homens" poderiam ser julgados como "especialistas sem espírito", Weber admite a impossibilidade de uma análise sociológica objetiva e de caráter científico sobre os acontecimentos históricos.

b) A ressalva feita pelo autor de que a exposição histórica sobre a condição humana no mundo moderno não deve ser sobrecarregada com juízos de crença e de valor revela sua preocupação em garantir a objetividade da análise sociológica por ele realizada.

c) Ao afirmar que os "últimos homens" poderiam ser julgados como "especialistas sem espírito", Weber demonstrava o significado da sua sociologia compreensiva: unir a análise empírica da realidade ao julgamento do tema estudado. Nesse sentido, toda análise sociológica tem por finalidade servir como justificativa para uma opção política, religiosa ou cultural.

d) Nenhuma das anteriores.

4) Segundo Weber, o que seria o dever do autocontrole científico do sociólogo?

   a) A separação entre conhecimento científico e julgamento de valor para garantir a subjetividade do conhecimento sociológico.
   b) O dever de esclarecer suas preferências pessoais na análise sociológica, pois somente assim a sociologia pode dizer aos homens o que deve ser feito.
   c) O dever de dedicar a sociologia ao desenvolvimento democrático da sociedade.
   d) Não deixar que os valores e preferências pessoais interfiram na análise do que estamos pesquisando, no intuito de garantir a objetividade do conhecimento alcançado pela metodologia sociológica.

5) Assinale verdadeiro (V) ou falso (F) para os itens a seguir e assinale a alternativa com a sequência correta:

   (   ) O que permite que um resultado científico alcançado por um sociólogo seja comprovado por outras pessoas deve-se, segundo Weber, à sua característica objetiva.
   (   ) Por admitir a interferência de aspectos subjetivos na construção do tipo ideal, Weber aproxima-se da sociologia positivista de Durkheim.

( ) Na sociologia compreensiva de Weber, o tipo ideal apresenta dois aspectos: subjetivo e objetivo. O aspecto subjetivo deve-se ao fato de o conceito típico-ideal ser construído com base nas indagações do pesquisador, o que, em última instância, está ligado aos seus valores. O aspecto objetivo está presente na utilização do método científico e na separação entre o conhecimento empírico e os valores do pesquisador na construção do conceito típico-ideal.

( ) A preocupação de Weber em separar conhecimento empírico – obtido pela análise científica – e juízos de valor, no intuito de garantir a objetividade do conhecimento, revela uma tensão permanente e irreconciliável na sua obra entre valores e ciência.

a) V, F, F, F
b) V, F, V, F
c) F, F, F, V
d) V, F, V, V

Atividades de aprendizagem
Questões para reflexão

1) Qual seria a relação, para Weber, entre o ensino da ciência e a transmissão de valores?

2) A preocupação de Weber em garantir um conhecimento objetivo da realidade social significa que a sua sociologia compreensiva deveria isentar-se do debate sobre as questões de interesse público?

Sugerimos a utilização da bibliografia citada, no item "Indicações culturais" deste capítulo, como material de apoio para realização dessas discussões.

Atividades aplicadas: prática

1) Leia o texto a seguir e discuta se nele temos, em relação aos processos de burocratização e racionalização, uma análise científica e objetiva por parte do autor ou, pelo contrário, uma análise marcada por juízos de valor.

> **Comentário de Max Weber sobre a burocratização em 1909**
>
> Imaginemos as consequências da burocratização e racionalização generalizadas a que assistimos hoje. O cálculo racional (*Rechenhatigkei*) já é manifesto ao nível da empresa privada e de todos os empreendimentos feitos em linhas modernas. Dessa maneira, o desempenho do trabalhador individual é matematicamente medido e cada homem vira uma peça na engrenagem, tendo por única preocupação tornar-se uma peça importante. Tomemos o exemplo do poder autoritário do Estado, ou da municipalidade em um regime monárquico: a semelhança com o Antigo Império do Egito, em que o "funcionalismo de terceiro escalão" prevalecia em todas as esferas, é surpreendente. Não existiu até hoje uma burocracia comparável à egípcia, como sabem todos os que conhecem História Antiga, e parece que estamos hoje evoluindo nesse sentido, nos mínimos detalhes, exceto quanto ao fato de que a nossa burocracia

é fundada em bases tecnicamente mais perfeitas, mais racionalizadas e, portanto, muito mais mecanizadas. O problema com que nos defrontamos agora não é: como mudar o rumo dessa evolução? – porque isso é impossível, mas: qual será seu resultado? Admitimos de bom grado que haja homens honrados e capazes no topo de nossa administração; e que, apesar das exceções, essas pessoas tenham oportunidades para ascender na hierarquia oficial, da mesma maneira que as universidades, a despeito das exceções, afirmam ser uma oportunidade para a seleção do talento. Mas por horrível que seja a ideia de que o mundo venha a ser povoado de professores – e eu me retiraria para uma ilha deserta se isso acontecesse – ainda é mais terrível pensar que ele possa um dia ser povoado de pequenos robôs, homenzinhos agarrados aos seus insignificantes empregos e lutando por outros melhores – um estado de coisas que veremos novamente, como no tempo dos egípcios, desempenhando papel crescente em nosso sistema administrativo e no espírito dos estudantes. Essa paixão pela burocracia, como já ouvimos dizer, é o bastante para nos levar ao desespero. É como se, em política, o espectro da timidez – que, de qualquer maneira, sempre foi um motivo de confiança para os alemães – ficasse sozinho no leme, como se nos tornássemos pessoas que precisam da "ordem" pela ordem e entram em pânico se essa ordem é ameaçada. E dizer que o mundo conhecerá apenas esse tipo de homem! Estamos presos numa situação que

> caminha para isso, de modo que a questão não é como promover e apressar esse processo, mas, ao contrário, como opor resistência para preservar a humanidade desse amesquinhamento da alma, dessa dominação do modo de vida burocrático.

Fonte: Mayer, 1985, p. 94.

2) Partindo do pressuposto de que uma característica dos textos jornalísticos é a imparcialidade, faça a análise de uma reportagem veiculada pela imprensa (jornal, revista ou mídia eletrônica) e verifique se o texto apresenta realmente essa característica ou se nele podemos encontrar juízos de valor expressos pelo jornalista.

Racionalidade, racionalização, desencantamento do mundo e secularização

[Capítulo 6]

Das características da sociologia compreensiva apontadas até o momento, uma delas ganhará maior ênfase neste capítulo, que é a perspectiva de identificar a singularidade de cada fenômeno cultural estudado a fim de verificar o que diferencia duas épocas distintas, uma sociedade de outra ou uma prática cultural de outra. Os conceitos de **racionalização, intelectualização, desencantamento do mundo** e **secularização** articulam todo um conjunto de temas e conceitos abordados e elaborados por Weber ao longo de sua obra e lhe conferem um sentido: a identificação da particularidade do nosso tempo e, mais precisamente, da "civilização ocidental"*. A ação racional com relação a fins do empresário no mercado, a burocracia e a dominação racional-legal, o carisma, a tradição e a objetividade do conhecimento são fenômenos ligados, de modo direto ou indireto, à questão da racionalização ocidental, secularização e desencantamento do mundo, além de particularizarem

---

* Em *A ética protestante e o espírito do capitalismo*, Weber abre o texto deixando claro este propósito: "No estudo de qualquer problema da história universal, um filho da moderna civilização europeia sempre estará sujeito à indagação de qual a combinação de fatores a que se pode atribuir o fato de na Civilização Ocidental, e **somente na Civilização Ocidental**, haverem aparecido fenômenos culturais dotados (como queremos crer) de um desenvolvimento universal em seu valor e significado". (Weber, 1996a, p. 1). O fenômeno cultural em questão é o "moderno racionalismo ocidental".

nossa época diante de outros momentos da história. Assim, "O destino do nosso tempo, que se caracteriza pela racionalização, pela intelectualização e, sobretudo, pelo 'desencantamento do mundo', levou os homens a banirem da vida pública os valores supremos e mais sublimes" (Weber, 1995, p. 452).

De uma só vez, Weber expõe uma série de elementos que caracterizam a vida moderna, especialmente da civilização ocidental. Todos eles são interligados e acarretam uma espécie de ausência de sentido para vida do homem "civilizado", à medida que os valores são banidos da conduta humana. A intelectualização, o desencantamento e a secularização seriam faces e/ou desdobramentos da racionalização. Por isso, começaremos nossa exposição analisando o conceito de **racionalização** para depois mostrarmos as particularidades de cada um dos outros conceitos, o que nos revelará efetivamente qual a condição do homem "civilizado" no mundo moderno.

[6.1]
Racionalidade, racionalização e intelectualização

Ao abordar esse tema na obra de Weber, Giddens chama a atenção para o fato de que o conceito de racionalização está aplicado em várias das obras históricas do autor, o que torna difícil a discriminação das principais esferas de aplicação de tal conceito (Giddens, 1994). A abrangência da racionalização seria admitida pelo próprio Weber já no livro *A ética protestante e o* *espírito do capitalismo**. Por isso não podemos perder de vista que a racionalização que interessa a Weber é aquela própria ao Ocidente. Todas as outras formas desse processo que ocorreram fora da esfera do Ocidente servem apenas como um elemento de comparação para realçar a singularidade ocidental**.

Na sociologia weberiana, racionalidade é entendida como uma coerência lógica com algum fim estabelecido presente na atividade humana, seja ela intelectual ou prática. Portanto, a capacidade de uso da razão é um atributo intrínseco ao homem: "a racionalidade, no sentido de uma coerência lógica ou teleológica, de uma atitude intelectual-teórica ou prático-ética, tem, e sempre teve, poder sobre o homem, por mais limitado e instável que esse poder seja e tenha sido sempre frente a outras formas da vida histórica" (Weber, 1985b, p. 238).

Nesse sentido, há racionalidade no trabalho do artesão que estabelece os meios para a produção de uma mesa, na atividade do funcionário que executa suas tarefas em conformidade com as normas da empresa, na religião que estabelece os meios e o

---

*   "O 'racionalismo' é um conceito histórico que engloba todo um mundo de componentes diversos. Será nossa tarefa descobrir quem foi o pai intelectual da forma concreta particular de pensamento 'racional' da qual se desenvolveu a ideia de uma 'vocação' e a divisão do trabalho na vocação" (Weber, 1996a, p. 51).

** "Racionalizações têm existido em todas as culturas, nos mais diversos setores e dos tipos mais diferentes. Para caracterizar sua diferença do ponto de vista da história da cultura, deve-se ver primeiro em que esfera e direção elas ocorreram. Por isso, surge novamente o problema de reconhecer a peculiaridade específica do racionalismo ocidental, e, dentro deste moderno racionalismo ocidental, o de esclarecer a sua origem" (Weber, 1996b, p. 11).

caminho para a salvação da alma.

Com relação à religião, para Weber, essa racionalidade que busca a salvação da alma é, em última instância, irracional, ou seja, está ligada a valores que devem ser alcançados. A ação extremamente metódica e racional de um calvinista no século XVI, por exemplo, era ligada, do ponto de vista sociológico, a desejos irracionais, como a salvação da alma ou a prova de ser um eleito de Deus na Terra.

As raízes históricas da racionalização ocidental são longínquas, pois Weber localiza traços dela em variados momentos e regiões do Ocidente, como na tradição judaico-cristã e no repúdio dos profetas à utilização de meios mágicos para a salvação da alma, na descoberta do conceito pelo filósofo Sócrates e seus discípulos na Grécia Antiga, no rígido esquema jurídico de pensamento dos romanos. A racionalização é, portanto, produto de circunstâncias históricas sustentadas em práticas sociais concretas e não um simples resultado da imposição do pensamento racional no mundo.

A racionalização, enquanto processo, representa o domínio de um padrão de conduta que realiza a adequação entre os meios necessários para um objetivo determinado ser atingido. Weber identifica essa tendência em todas as esferas de ação humana na civilização ocidental, o que a distingue das outras culturas. Assim, na astronomia temos a fundamentação matemática dada pelos gregos para a análise dos astros; a medicina tem o apoio do moderno laboratório e é baseada em fundamentos bioquímicos que a auxiliam no estudo das doenças e na cura das enfermidades; a teoria política e a história utilizam-se de conceitos e métodos racionais para pesquisarem os acontecimentos históricos e as relações de poder nas sociedades; a música racional tem sua cromática e enarmônica interpretadas em termos de harmonia; na arquitetura, há o uso racional da abóbada gótica como princípio construtivo de edifícios; na burocracia, há a presença de funcionários assalariados com conhecimento técnico e treinamento racional que atuam de modo impessoal, conforme regras; na economia capitalista, há a organização racional do trabalho e a utilização planejada de recursos materiais e pessoais como meio de obtenção do lucro e acumulação de capital. Desse modo, embora Weber reconheça a existência de um alto grau de desenvolvimento dessas esferas também nas culturas orientais, nenhuma dessas esferas caminhou em um sentido tão racional quanto na cultura ocidental.

Conforme esse padrão atinge todas as esferas de ação humana, a economia, a política, a religião e até mesmo o campo da arte, temos a generalização do processo de racionalização, marca de nosso tempo, conforme já assinalado. A própria sociologia compreensiva de Weber, com sua metodologia baseada no conceito típico-ideal de ação racional com relação a fins, aparece como expressão da racionalização. Assim, a partir do momento em que essa tendência é cristalizada, aumenta a probabilidade de que as ações sociais cotidianas sejam marcadas pela recorrência à técnica e ao cálculo, aumentando o seu grau de previsibilidade. Em vez de um mundo governado pelo misticismo e pela crença na ação de fatores sobrenaturais sobre a vida terrena, temos cada vez mais o predomínio da ciência e da técnica.

A substituição dos curandeiros pelos médicos para a cura de enfermidades é exemplar da presença da racionalização no cotidiano dos homens. A utilização dos meios racionais nesse caso é validada tanto pelo paciente quanto pelo próprio médico que realiza o atendimento. No caso do paciente, isso ocorre pela expectativa de que seu problema seja resolvido pelo uso da ciência no diagnóstico da enfermidade e na cura desta por meio do tratamento específico dispensando. No caso do médico, isso ocorre pela expectativa de que os conhecimentos e técnicas disponibilizados pela ciência médica sejam os mais eficazes para a solução do problema. A disponibilidade da técnica e do cálculo como meios para ação social é o que Weber qualifica como **intelectualização**. Segundo a interpretação de Giddens (1998), a intelectualização representaria o aspecto positivo do processo de racionalização no Ocidente, e tem na ciência sua melhor expressão: "O progresso científico é um fragmento, o mais importante indubitavelmente, do processo de intelectualização a que estamos submetidos desde milênios e relativamente ao qual algumas pessoas adotam, em nossos dias, posição estranhamente negativa" (Weber, 1995, p. 439).

A posição negativa em relação à intelectualização e ao progresso da ciência provinha daqueles que Weber, de modo um tanto pejorativo, acusava de realizarem o "sacrifício do intelecto" em favor de uma dedicação religiosa ou revolucionária. Na leitura de Weber, encarar sem ilusões a realidade da vida moderna é uma exigência posta pela própria tendência à intelectualização.

O curioso e até certo ponto paradoxal no processo de racionalização – acompanhado da ciência, da técnica e do cálculo –

é ele não significar necessariamente que o homem comum venha a ter um maior conhecimento sobre o mundo que o cerca, sobre as circunstâncias que garantem o funcionamento de tudo o que envolve sua vida. Podemos saber dirigir um carro, mas não temos domínio sobre os fatores que garantem o funcionamento dele. Sabemos ligar um computador e utilizá-lo para escrever textos, inserir fotos e enviar mensagens por correio eletrônico, mas não temos conhecimento sobre os princípios por trás do sistema de *hardware* e de *software* que permitem a realização de todas essas tarefas. A maioria dos juízes e advogados provavelmente desconhecem o raciocínio ou as finalidades que deram origem a todo o sistema de normas jurídicas que servem de referência para a sua atuação cotidiana nos tribunais. Todos esses processos tendem a ser conhecidos em seus fundamentos apenas por especialistas em cada um dos campos de conhecimento que envolvem as referidas atividades, como engenheiros, especialistas em *softwares* e *hardwares* e pesquisadores do direito.

Nesse sentido, contrariando o senso comum sobre o caráter evolutivo da humanidade, em que os homens civilizados seriam mais conscientes sobre os processos que determinam sua vida, Weber afirma: "O 'selvagem' conhece infinitamente melhor as condições econômicas e sociais da sua própria existência do que o assim chamado 'civilizado'" (Weber, 1995, p. 347). Provavelmente, os estudos antropológicos com os quais Weber teve contato já demonstravam exemplos de comunidades tribais nas quais os materiais e técnicas necessários para a fabricação de instrumentos de guerra, caça ou pesca, para a produção de alimentos ou quaisquer outros meios necessários à manutenção da sociedade tendiam a ser de conhecimento de todos os membros da comunidade ou de boa parte deles*. Do mesmo modo, o mestre artesão da Idade Média tinha pleno conhecimento de todas as etapas necessárias para a produção de qualquer artefato artesanal, sabendo tudo o que envolvia esse processo, desde a seleção da matéria-prima necessária até a realização final do produto. Curiosamente, na época da Revolução Industrial e da indústria moderna, período marcado pela introdução da ciência na produção, aquele que realiza o trabalho – o operário – tem cada vez menos domínio sobre o que está envolvido no processo de produção de mercadorias do qual participa.

É esse, portanto, um traço característico da racionalização. A progressiva complexidade da lógica de funcionamento de todas as áreas da ação humana – as regras do mercado econômico, da política, do direito, das máquinas, da produção de alimentos – leva o homem a uma condição de "alienação" (a expressão não é de Weber) em relação às forças que conduzem a vida social. Nesse sentido, cada vez mais o domínio intelectual das forças que regem a vida social tende a ficar sob o poder de técnicos, como no exemplar caso da burocracia, tão caro a Weber. A presença do especialista em cada uma das áreas do conhecimento na vida moderna é, por conseguinte, um produto típico da racionalização.

Assim, o que importa ao indivíduo que vive em um mundo

---

*   Ainda sobre o "selvagem", diz Weber: "sabe perfeitamente como proceder para obter o alimento cotidiano e conhece bem os meios capazes de favorecê-lo em seus propósitos" (Weber, 1995, p. 439).

racionalizado é a expectativa de um real funcionamento das atividades que o cercam, pois é através dessa expectativa que ele orienta sua ação:

> *Nenhum consumidor normal sabe hoje, nem sequer de modo aproximado, qual a técnica de produção dos bens do uso cotidiano, e a maioria desconhece também os materiais de que são feitos e as indústrias que os produzem. Somente lhes interessa as expectativas, que para eles tem grande importância prática, referente ao seu comportamento.* (Weber, 1995, p. 346)

A expectativa do consumidor é a de que a mercadoria comprada tenha determinadas características, como sabor, beleza, baixo custo, dependendo de qual interesse em relação a ela. E assim ocorre nas mais variadas situações sociais. O motorista que não ultrapassa o sinal vermelho, mesmo percebendo que não há possibilidade de choque com outro veículo, age desse modo para não ser multado. Nesse caso, há a expectativa do motorista em ser punido pelo Estado, o que não significa que necessariamente compreenda a finalidade social daquela norma de trânsito. A consumidora que utiliza seu cartão de crédito para a compra de um vestido o faz pela expectativa de que aquele procedimento seja validado pelo comerciante que lhe vende e pelo banco que lhe cedeu o cartão, mas não porque domine intelectualmente as razões históricas e as necessidades sociais que permitiram a existência da compra pelo cartão.

Segundo Weber, além dos especialistas em cada um desses assuntos particulares, quem provavelmente melhor compreenda as finalidades e o sentido de todas essas normas consensuais são aqueles que intencionalmente busquem infringi-las, evitá-las ou transformá-las. Assim, aqueles que exercem uma prática social revolucionária, no sentido de subverter e modificar os padrões que sustentam um tipo de vida social, podem conhecer profundamente as razões e o sentido do conjunto das regras sociais pelas quais os indivíduos dessa sociedade orientam suas ações.

Mas você pode se perguntar: em qual aspecto a racionalização torna mais racional a vida do "civilizado" em relação à do "selvagem"? Weber assinala dois fatores que respondem a esse questionamento.

Em primeiro lugar, a crença do "civilizado" de que todos os fatores que envolvem sua vida cotidiana, desde o ônibus que toma para ir ao trabalho até o sistema operacional de computadores que no trabalho encontra, são de caráter racional, ou seja, podem ser racionalmente conhecidos, criados, controlados e modificados – no último caso, apenas para os fatores ao alcance da ação humana. As leis que regem um tribunal, os princípios da física por trás do funcionamento de um aparelho de televisão e, atualmente, até as razões que levam uma pessoa à depressão podem ser aspectos conhecidos, mesmo que para o domínio intelectual de qualquer um deles haja a necessidade de nos tornarmos técnicos ou especialistas no assunto.

Em segundo lugar, a expectativa, por parte do "civilizado", de que praticamente todos os aspectos que envolvem nossa vida, as atividades econômicas que regulam o sistema de preços de uma mercadoria, as normas jurídicas e administrativas de uma organização empresarial, as regras de trânsito de um país, o sistema monetário internacional, todos eles funcionam de acordo com regras possíveis de serem conhecidas e não de modo irracional e inacessível à compreensão racional. Nesse caso, há o afastamento da concepção de que forças misteriosas ou mágicas governem a vida e influenciem o modo de funcionamento de todos esses aspectos citados. Segundo a lógica da sociologia de Weber, à medida que busca a cura de sua doença pela influência do feiticeiro ou xamã da tribo, o "selvagem" revela a distância de seu mundo em relação a um mundo racionalizado.

[6.2]
Desencantamento do mundo e secularização

Esse afastamento das forças mágicas e o domínio da vida por meio do cálculo abrangem os outros dois aspectos da racionalização: o desencantamento do mundo e a secularização, conceitos que, conforme observa Pierucci (1998), não devem ser tomados simplesmente por sinônimos.

Na obra de Weber, o desencantamento do mundo – expressão que apresenta um toque literário – refere-se à oposição às formas mágicas como meio de salvação da alma. Trata-se também de um processo que percorre um largo tempo histórico e é impulsionado pelas grandes religiões mundiais. Um passo decisivo da civilização ocidental rumo ao desencantamento do mundo foi dado com a difusão cultural da tradição judaico-cristã e sua crença em um único Deus.

Nas sociedades em que os indivíduos acreditavam na magia como ponte entre o mundo dos homens e o mundo dos deuses, havia um grupo socialmente reconhecido como capaz de realizar essa intermediação, caso dos feiticeiros. A crença na existência de vários deuses era comum e os feiticeiros seriam aqueles que invocavam o universo mágico para a realização de objetivos práticos dos mais variados: curas de doenças, influência na obtenção de alimentos etc. Com o judaísmo, há a substituição da magia como forma de relação e mediação entre os homens e Deus e a salvação vem pela incorporação de uma ética de vida expressa na conduta cotidiana. Os textos bíblicos não são apenas uma referência para a explicação sobre o lugar do homem no mundo e o sentido da vida, mas também uma diretriz para a conduta do indivíduo em sociedade ("não matarás", "não roubarás", "respeitarás o próximo"). Para a época contemporânea, a influência decisiva no sentido do desencantamento do mundo vem com os movimentos religiosos provenientes da Reforma Protestante do século XVI, particularmente do protestantismo ascético, expresso em quatro principais correntes apresentadas por Weber sob a forma de tipos ideais: o calvinismo, o metodismo, o pietismo e as seitas batistas.

Nelas, Weber destaca o desenvolvimento de uma doutrina da predestinação que impelia os seus seguidores a um tipo de conduta ascética. Na doutrina de Calvino, por exemplo, temos uma concepção totalmente centrada em Deus, em que apenas uma parcela da humanidade foi por Ele eleita para elevar sua glória e majestade na Terra. O Deus de Calvino não é "humano" e compreensivo, mas um ser distante dos homens, transcendental, cujos desígnios são incompreensíveis ao conhecimento humano e que de antemão já decidiu o destino de cada um na vida terrena e elegeu aqueles que após a morte terão sua salvação eterna. Entre as consequências dessa doutrina, observamos a solidão do devoto:

> *Em sua patética desumanidade esse pensamento deve acima de tudo ter tido uma consequência para a vida de uma geração que se rendeu à sua magnífica consistência: o sentimento de uma inacreditável solidão interna do indivíduo. No que era, para o homem da época da Reforma, a coisa mais importante da vida – sua salvação eterna – ele foi forçado a, sozinho, seguir seu caminho ao encontro de um destino que lhe fora designado na eternidade. Ninguém poderia ajudá-lo. Nenhum sacerdote, pois o escolhido só por seu próprio coração podia entender a palavra de Deus.* (Weber, 1996a, p. 72)

Surge assim um individualismo de "inclinação pessimista e despido de ilusões". A finalidade da vida é a busca da salvação eterna pela glorificação de Deus na Terra. Esse é o mandamento a ser cumprido. Mas havia um problema para o fiel: como estar seguro de ser um dos escolhidos? A atividade pastoral atendia a essa necessidade espiritual do devoto em dois sentidos: primeiro, o dever absoluto de considerar-se um escolhido; segundo, uma intensa atividade profissional, pois ela dá a certeza da graça ao praticante. Desse modo, o cumprimento da vocação, o "chamado" de Deus, é materializado em uma prática laboral diária que consumirá toda a vida do praticante da religião:

> *O Deus do calvinista requeria de seus fiéis, não apenas "boas obras", mas uma santificação pelas obras, coordenada em um sistema unificado. Não havia lugar para o ciclo essencialmente humano dos católicos, de: pecado, arrependimento, reparação, relaxamento, seguidos de novo pecado; nem havia balança de mérito algum para a*

vida como um todo que pudesse ser ajustada por punições temporais ou pelos meios de graça da Igreja. (Weber, 1996a, p. 82)

O decisivo é que essa prática incide sobre o mundo real, pois é nele que as obras são realizadas. Os praticantes não só do calvinismo, mas de todas as tendências do protestantismo ascético, têm de assumir uma conduta metódica e racional por um motivo irracional (a salvação da alma). Na sua prática, é a ação com relação a fins que começa a tomar forma. A religião mostra sua força racionalizadora, mas, ao mesmo tempo, é vítima daquilo que Weber chama de *paradoxo das consequências*, ou seja, a ação assume um curso diferente daquele projetado pelo agente. A acumulação como finalidade em si não estava no horizonte do protestante ascético, mas sua ação gerou uma prática metódica em torno da aquisição de capital, da obtenção de lucro, como realização de uma vocação – sendo esta uma das imputações causais do moderno capitalismo racional (não a única).

O trabalho como vocação desvencilha-se de seu manto religioso e converte-se em atividade secular. Temos aqui um outro desdobramento do processo de racionalização, que é a **secularização**.

Se o confronto da religião com as concepções e atividades mágicas no mundo trouxe o seu desencantamento, este, por sua vez, descortina a "luta da modernidade cultural contra a religião, tendo como manifestação empírica no mundo moderno o declínio da religião como potência [...], a depressão de seu valor cultural e sua demissão/liberação da função de integração social" (Pierucci, 1998, p. 51).

As condutas humanas passam a buscar a emancipação em relação à religião, da mesma forma que ela buscara superar a magia. A vida humana é transferida de modo cada vez mais definitivo para o mundo das práticas profanas e terrenas. Do ponto de vista das interpretações a respeito do lugar do homem no mundo, elas também abandonam o mundo espiritual e passam ao mundo material, ao mundo dos homens de fato, em que a ciência assume um papel cada vez mais relevante no cotidiano da vida social.

Mas se é verdade que diante do abrangente processo de racionalização e intelectualização os homens estão em condições de encarar "sem ilusões" sua condição na vida social, também é verdade que a vida no mundo perde o sentido. Com o deslocamento das religiões, que conferiam um significado tanto para a história da humanidade quanto para a vida individual, a justificativa para as ações, o conferir sentido à ação, fica a cargo do indivíduo. Ele é que elegerá seu deus ou seu demônio. A qual deus servir? Para isso, a ciência não tem respostas.

Com a secularização, temos uma tensão invencível entre o domínio da crença na ciência e o domínio da salvação religiosa, assim como entre a ciência e o campo dos valores. A racionalização, o desencantamento e a secularização trazem consigo o politeísmo dos valores e uma situação de conflito permanente à medida que padrões de conduta podem ser racionalizados com base em pontos de vista éticos totalmente antagônicos. É a irracionalidade ética do mundo.

Logo, esse modo como Weber relaciona a ciência, por ele praticada, com outros valores culturais, é devido a uma visão que entendia como indissociáveis a ciência e o abrangente processo de racionalização. Por ser uma esfera relativamente autônoma, a ciência encontraria apenas nela própria, influenciada pela racionalização, o sentido de sua obra, isto é, a pesquisa constante e a luta pelo progresso contínuo de seus próprios conhecimentos.

Não há mais condições, por essa esfera autônoma, de fornecer um significado último para a vida, pois "a crença no valor da verdade científica é produto de determinadas culturas, e não um dado da natureza" (Weber, 1993, p. 152). Esse significado só é "encontrado" fora dela, é dado pela cultura e pela época na qual o indivíduo está inserido, sendo isso, inclusive, que influi na decisão do cientista sobre o seu objeto de estudo e sobre os limites desse estudo. Nesse sentido, cabe ao indivíduo escolher entre se manter fiel à vocação científica ou agir pautado em outros valores. Caso opte pela ciência, deve se abster de julgar as finalidades das ações humanas e se colocar na discussão científica de valores presentes na cultura de seu tempo.

Da mesma forma que os seguidores do protestantismo ascético se voltaram para a conduta metódica em função do trabalho, o sociólogo típico-ideal de Weber deve recolher-se ao trabalho diário e deixar que os conflitos sejam decididos pelo homem de ação. Quando optar pela política, não pode mais falar em nome da ciência. Portanto, esta se constitui em uma vocação que, devido à racionalização, é baseada na especialização do conhecimento (tendência inevitável do nosso tempo, segundo Weber) e se propõe a "tomar consciência" das finalidades últimas da ação humana, por meio do estudo das relações "objetivas" entre os indivíduos.

[6.3]
Sociologia e liberdade

Com o desencantamento e a perda de sentido no mundo, a sociologia compreensiva, como parte da ciência, parece, segundo o diagnóstico de Weber, ter limitado o seu papel. Já não identifica na marcha histórica e no conjunto dos acontecimentos humanos um significado para sua existência. Apenas pode esclarecer ao homem de ação quais as implicações de suas atitudes, a qual valor está ligada a sua ação e a qual tipo de interesses ele se contrapõe. No entanto, como ressalta Colliot-Thélène, esse papel não é tão simples quanto parece, na medida em que o esclarecimento sobre as finalidades últimas da ação contribui para a conduta responsável do homem de ação. Isso é válido principalmente para o político como vocação, aquele capaz de realizar uma combinação entre uma ética de princípios – aquele que considera mais importantes os valores (ou princípios) – e uma ética da responsabilidade – na qual o principal são os resultados. Voltando a Colliot-Thélène, comentando Weber:

> *Em matéria de prática, o mesmo texto nos diz, a ciência não pode fazer mais do que advertir o indivíduo das consequências previsíveis de sua ação e obrigá-lo a explicar suas escolhas as mais fundamentais, ou sejam a "prestar contas do sentido último de seu próprio agir". Não nos deixemos enganar pela modéstia aparente desta tarefa. Assim entendida, a contribuição da ciência não é uma coisa pequena, mas o que leva à plena inteligibilidade racional, isto é, em suma, à liberdade.* (Colliot-Thélène, 1995, p. 113)

Retornamos, assim, ao núcleo liberal da reflexão de Weber e à sua preocupação com as condições para a liberdade individual nas circunstâncias da vida moderna. A ação racional com relação a fins com a recorrência à técnica e ao cálculo garantindo a previsibilidade no funcionamento das mais diversas organizações e instituições sociais é um produto do mundo racionalizado e desencantado, em que tudo parece ser regido por regras formais. Nesse sentido, ao mesmo tempo em que permitiu ao homem libertar-se de ilusões mágico-religiosas e das formas de dominação tradicionais, também fortaleceu as modernas formas de aprisionamento do homem moderno, expressas nas forças impessoais do capitalismo e da burocracia, que promovem o amesquinhamento da alma. Essa tensão insolúvel também seria uma das singularidades da vida moderna.

Síntese

No presente capítulo, vimos os conceitos que articulam toda a obra de Weber. Dentre esses conceitos, destacamos o de racionalização, chave para a compreensão das tendências mais presentes no mundo moderno. A racionalização está expressa no domínio de um padrão de conduta que realiza a adequação entre os meios necessários para atingirmos um objetivo determinado. Weber identifica essa tendência em todas as esferas de ação humana na civilização ocidental. Seus principais desdobramentos são a intelectualização, expressa na recorrência ao cálculo e à ciência; o desencantamento do mundo, presente no afastamento das explicações mágicas para os fenômenos da vida; a secularização, representada pela perda de influência do pensamento religioso, o qual confere sentido à vida dos indivíduos; e a ascensão da ciência na vida do homem moderno.

É esse processo de racionalização em suas várias faces que causa uma tensão insolúvel no mundo moderno entre valores e ciência, entre a possibilidade de explicação racional para o que envolve o homem no mundo e a impossibilidade de conferir significado à vida, entre as formas técnicas e racionais de alcançar objetivos propostos e as a formas racionais e burocráticas de aprisionamento do indivíduo.

Indicações culturais

Filmes

ALPHAVILLE. Direção: Jean-Luc Godard. Produção: Athos Films. França; Itália: Europa Filmes, 1965. 99 min.

O filme mostra uma sociedade tomada pela burocracia, controlada pela tecnologia e pela lógica desumana. Os habitantes de Alphaville são dominados por um computador, o Alpha-60, que controla todas as ações dos indivíduos. A Bíblia de Alphaville é um dicionário, em que foram suprimidas palavras como "livre" e "consciência". Nessa sociedade, não é permitido qualquer tipo de "comportamento ilógico", como chorar ou gritar; os que se aventurarem a ter esse tipo de comportamento são condenados à pena de morte. Tudo na cidade é controlado: a arquitetura, as pessoas, as ruas, não existindo qualquer forma de expressão que fuja dos moldes ditados pelo Alpha-60. O filme permite a reflexão sobre as consequências de um processo de racionalização extremado.

Bibliografia

BELLAMY, R. **Liberalismo e sociedade moderna**. São Paulo: Unesp, 1994.

GIDDENS, A. **Política, sociologia e teoria social**. São Paulo: Unesp, 1998.

PIERUCCI, A. F. Secularização em Max Weber: da contemporânea serventia de voltarmos a acessar aquele velho sentido. **Revista Brasileira de Ciências Sociais**, São Paulo, v. 13, n. 37, p. 43-73, jun. 1998.

As temáticas discutidas neste capítulo podem ser vistas de forma mas aprofundada pelo leitor em todas essas obras.

Atividades de autoavaliação

1) Com relação à passagem a seguir, assinale a alternativa incorreta:

> Estamos deixando a máquina interferir demais na nossa vida. Na Inglaterra, já há uma câmera de vídeo em circuito fechado para cada 14 cidadãos. A nova carteira de identidade, que todos lá estão sendo obrigados a tirar, contém mais de 150 informações sobre a pessoa, como endereço particular, registro profissional e DNA. Quando esses dados forem conectados às câmeras, o sujeito poderá ser vigiado até dentro de casa. E não adiantará pegar o carro e fugir – o GPS, que um dia também será obrigatório, dirá a uma central para onde ele está indo.

Fonte: Castro, 2007, p. 2.

a) Ao referir-se ao uso da máquina, o autor revela os mecanismos modernos de controle sobre a vida dos indivíduos.

b) A abrangência de dados registrados sobre os cidadãos ingleses para que estes obtenham sua carteira de identidade revela a permanência em nossa época de dois aspectos assinalados por Weber: o controle da burocracia sobre os cidadãos e a ameaça à liberdade individual.

c) A existência de um controle sobre os cidadãos por meio das máquinas significa o declínio de um sistema de poder impessoal e burocrático.

d) Na situação descrita pelo autor, temos um exemplo de como as novas tecnologias não são apenas utilizadas para garantir a eficiência de uma organização no alcance de seus fins, pois também servem para reforçar os mecanismos de poder sobre os cidadãos.

2) De acordo com Weber, qual das características a seguir assegura a eficiência das organizações na moderna sociedade capitalista?

a) A informalidade do comportamento dos membros da organização.

b) A presença do princípio democrático.

c) A humanização das relações entre os membros da organização.

d) Previsibilidade do comportamento dos membros da organização.

Leia a passagem a seguir para responder às questões 3 e 4:

> Na China, podia acontecer que um homem vendesse a outro uma casa: depois de certo tempo, voltasse a ele e reclamasse a devolução, pela circunstância de haver ficado pobre. Se o comprador, no Direito Chinês, não atendesse ao mandamento antigo de ajuda ao próximo, os "espíritos"

> se indignariam. Desse modo, o vendedor empobrecido ocupava a casa novamente, como arrendatário forçado, sem o pagamento de nenhum aluguel. Com um direito assim estruturado o capitalismo não poderia se desenvolver. O que se fazia necessário era um direito que se pudesse calcular como uma máquina: neste sentido, entretanto, os pontos de vista mágico-rituais não desempenhavam papel algum.

Fonte: Weber, 1985.

3) De acordo com a sociologia de Weber, poderíamos afirmar que:

a) o direito chinês apresentava características do processo de racionalização.

b) por basear-se em aspectos mágico-rituais, o direito chinês expressava elementos do desencantamento do mundo.

c) pela preocupação em não provocar a indignação dos espíritos, o vendedor que devolvia a terra comprada ao antigo proprietário tinha um padrão de conduta representativo do processo de secularização.

d) por fundamentar-se em aspectos mágico-rituais, o direito chinês não apresentava os pressupostos dos processos de racionalização e desencantamento do mundo.

4) De acordo com a sociologia de Weber, podemos afirmar:

I. O direito necessário ao desenvolvimento do capitalismo, calculável como uma máquina, seria aquele que apresentasse os pressupostos dos processos de racionalização e desencantamento do mundo.

II. Por fundamentar-se em aspectos mágicos rituais, o direito chinês não apresentava um grau de previsibilidade do direito "calculável como uma máquina".

III. O texto contrapõe dois tipos ideais, o direito chinês, com características mágicas, ao direito calculável, racional. O primeiro tipo ideal – o direito chinês – seria exemplar de um mundo no qual estariam ausentes os processos de racionalização e desencantamento do mundo, ao contrário do segundo exemplo – o direito calculável.

São verdadeiros os itens:
a) I, II e III.
b) I e II.
c) II e III.
d) I e III.

5) Marque os itens a seguir em verdadeiro (V) ou falso (F) e assinale a alternativa com a sequência correta:

( ) Segundo a teoria de Weber, a probabilidade de que as ações sociais cotidianas sejam marcadas pela recorrência à técnica e ao cálculo, aumentando o seu grau de previsibilidade, expressaria o processo de racionalização no cotidiano dos homens.

( ) Para Weber, secularização e desencantamento do mundo seriam conceitos idênticos, relativos ao predomínio do cálculo na vida moderna.

( ) De acordo com a sociologia compreensiva de Weber, a racionalização da vida significaria que os homens e as mulheres teriam um maior conhecimento sobre todos os aspectos que envolvem sua vida. Nesse sentido, a racionalização implicaria uma superação da condição alienada dos homens e das mulheres, favorecendo a constituição de uma sociedade livre.

( ) Segundo Weber, a acumulação como finalidade em si não estava no horizonte do protestante ascético, mas sua ação gerou uma prática metódica em torno da aquisição de capital, da obtenção de lucro, como realização de uma vocação. Esse seria um exemplo do que ele considerava como paradoxo das consequências da ação humana.

a) V, F, F, F
b) V, F, V, F
c) F, F, F, V
d) V, F, F, V

6) De acordo com a teoria de Weber, está **equivocada** a seguinte afirmação:

a) Com a secularização, temos uma tensão invencível entre o domínio da crença na ciência e o domínio da salvação religiosa, assim como entre a ciência e o campo dos valores. Tal tensão revela que o avanço da secularização não implica necessariamente na eliminação dos conflitos humanos.

b) Ao contrário do papel que a religião desempenhou no passado e ainda desempenha no presente, a ciência não tem condições de fornecer um sentido para vida humana. Daí a recusa de Weber em justificar pela sociologia a luta pela transformação do mundo.

c) Weber não identificou qualquer grau de racionalidade na conduta dos seguidores de uma religião, tais como os calvinistas e os batistas, devido ao fato de os religiosos guiarem-se por motivos irracionais, como a salvação da vida ou a glorificação de Deus.

d) As origens históricas do processo de racionalização encontram-se na civilização ocidental, o que a diferencia dos povos do oriente.

Atividades de aprendizagem
Questões de reflexão

1) Faça um estudo sobre quais seriam, segundo Weber, as principais ameaças à liberdade individual em um mundo marcado pelo processo de racionalização.

2) Faça um estudo sobre a relação entre o calvinismo e o desencantamento do mundo.

Atividades aplicadas: prática

1) Assista ao filme *BLADE Runner: o caçador de andróides* (direção: Ridley Scott; produção: The Ladd Company: EUA: Columbia TriStar; Warner Bros, 1982. 118 min.) e analise se a situação mostrada no filme é um exemplo de uma sociedade marcada pelos processos de racionalização, desencantamento do mundo e secularização assinalados por Weber.

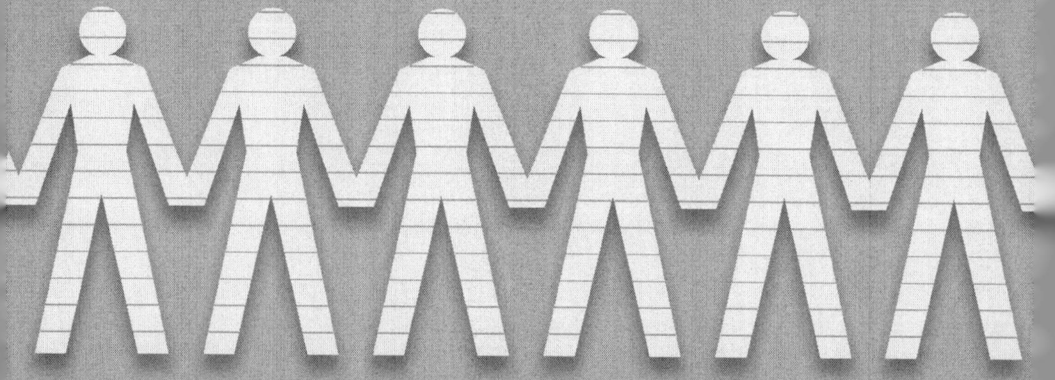

Weber e o Brasil
[Capítulo 7]

É interesse notar como houve em vários autores representativos da produção das ciências sociais no Brasil um diálogo com a obra de Weber. Além de Sérgio Buarque de Holanda, mencionado anteriormente, autores como Raymundo Faoro, Florestan Fernandes, Maria Sylvia de Carvalho Franco e José Murilo de Carvalho utilizaram-se não apenas do recurso aos tipos ideais, mas também dos próprios conceitos típico-ideais da sociologia de Weber. Assim, conceitos como **patrimonialismo, e Estado patrimonial, dominação estamental, carisma** são recorrentes na caracterização das relações sociais e políticas do Brasil. Nesse sentido, o tipo ideal de dominação tradicional e, em alguma medida, o de dominação carismática foram considerados como um recurso analítico sugestivo para a caracterização sociológica do perfil do poder no Brasil, especialmente nos períodos da colônia e do império.

Ao comentar as implicações sociais e econômicas da Independência do Brasil em relação a Portugal, Florestan Fernandes recorre aos conceitos elaborados por Weber:

A implantação de um Estado nacional independente constituía a única via pela qual se poderia romper o bloqueio à autonomia e à plena autorrealização dos estamentos senhoriais, e fornecia-lhes, ao mesmo tempo, o caminho mais fácil e rápido para a extensão do patrimonialismo do nível doméstico, da unidade de produção e da localidade para o da "comunidade estamental" da sociedade global e do comportamento político. Assim, o patrimonialismo se converteria em dominação estamental propriamente dita e ofereceria aos estamentos senhoriais a oportunidade histórica para o privilegiamento político do prestígio social exclusivo que eles desfrutavam, material e moralmente, na estratificação da sociedade. (Fernandes, 1981, p. 57)

Isso ocorreu na interpretação sociológica e histórica do Brasil certamente porque as relações de poder no país foram constituídas em sua história por estilos de caráter autoritário e de dependência pessoal das classes dominadas em relação às classes dominantes, relações estas marcadas por fenômenos como a escravidão, o coronelismo, o apego a figuras carismáticas, o nepotismo e o clientelismo. Ao referir-se ao coronelismo no país, Raymundo Faoro (2000, p. 622) assim o caracteriza:

Ocorre que o coronel não manda porque tem riqueza, mas manda porque se lhe reconhece esse poder, num pacto não escrito. Ele recebe – recebe ou conquista – uma fluida delegação, de origem central no Império, de fonte estadual na República, graças à qual sua autoridade ficará sobranceira ao vizinho, guloso de suas dragonas simbólicas, e das armas mais poderosas que o governador lhe confia. O vínculo que lhe outorga poderes públicos virá, essencialmente, do aliciamento e do preparo das eleições, notando-se que o coronel se avigora com o sistema da ampla eletividade dos cargos, por semântica e vazia que seja a operação. A passagem do regime imperial ao republicano irá acentuar e exacerbar a função eleitoral do coronel.

Tais relações de poder também foram abordadas na literatura brasileira, como em *Grande sertão: veredas*, de Guimarães Rosa; *Os sertões*, de Euclides da Cunha; *O auto da Compadecida*, de Ariano Suassuna, em histórias cujos personagens centrais são jagunços, líderes religiosos carismáticos, coronéis e trabalhadores rurais, mostrando que essa percepção sobre as formas tradicionais de domínio não é exclusividade das ciências sociais.

À medida que o Estado e a sociedade brasileira vivenciaram um processo de modernização no século XX, conceitos como **dominação racional-legal, burocracia, ação racional com relação a fins** e **racionalização** foram também utilizados para mostrar a tensão estabelecida no país. Essa tensão ocorria entre uma antiga ordem tradicional ligada ao passado, representada por figuras como o "coronel" e o latifundiário, e um novo conjunto de práticas políticas, sociais, econômicas e culturais que se impunham pelo advento do capitalismo industrial, trazendo à cena histórica o empresário empreendedor e funcionário especializado da burocracia.

A utilização por autores brasileiros das análises e tipos ideais da sociologia compreensiva de Weber pode nos revelar uma certa proximidade entre as histórias dos dois países, como, por exemplo, nas práticas de exercício do poder na política e na economia entre os *Junkers* prussianos e os latifundiários no Brasil. Isso justificaria a aceitação da sociologia alemã no pensamento social brasileiro, mas merece um estudo em separado.

No entanto, fica o registro, no presente texto, de que ler a obra de Weber pode ser um caminho não apenas para a interpretação do Brasil, mas também de como o país foi interpretado por seus intelectuais.

Síntese

No presente capítulo, chamamos a atenção para a presença da sociologia de Weber em interpretações feitas sobre o Brasil. Vários padrões de conduta e de relações sociais, políticas, econômicas e culturais presentes na história brasileira foram caracterizados com base na metodologia ou nos tipos ideais presentes na sociologia do autor. Nesse sentido, ler a obra de Weber pode servir para a compreensão tanto do país quanto do modo como o pensamento do autor foi interpretado por alguns de seus intelectuais mais proeminentes, como Raymundo Faoro e Sergio Buarque de Holanda.

Indicações culturais

Filmes

DEUS e o Diabo na terra do sol. Direção: Glauber Rocha. Produção: Copacabana Filmes. Brasil: Copacabana Filmes, 125 min.

Esse filme é um dos marcos do chamado Cinema Novo *no Brasil. Tem como personagens centrais o sertanejo Manoel e a esposa Rosa e mostra suas desventuras no sertão do país. Elementos marcantes na história do Brasil como o coronelismo, o messianismo religioso e o cangaço permeiam todo o enredo do filme, podendo ser debatido sobre as formas de domínio na realidade brasileira ali representadas.*

Bibliografia

CUNHA, EUCLIDES da. **Os sertões:** campanha de Canudos. Rio de Janeiro: Ediouro, 1990.

O romance tem por base um dos mais dramáticos episódios da história brasileira: a guerra de extermínio promovida pelo Estado contra os habitantes do arraial de Canudos. Enviado à frente de batalha como correspondente de um jornal paulistano, Euclides da Cunha presenciou a quarta e última expedição do exército à região do conflito. O resultado foi a produção de uma obra das mais significativas em nossa história e que é considerada tanto um romance quanto um ensaio de interpretação sobre o Brasil. Pela imagem daquela época que a obra nos legou, podemos vislumbrar a presença do messianismo religioso e do carisma, da luta empreendida pelos "sertanejos", na expressão do autor, contra as formas tradicionais de domínio que a eles eram impostas. Enfim, o livro é repleto de elementos que instigam à reflexão sociológica.

FAORO, Raymundo. **Os donos do poder 1**: a formação do patronato político brasileiro. São Paulo: Globo, 1996.

_____. **Os donos do poder 2**: a formação do patronato político brasileiro. São Paulo: Globo, 2000.

Nos dois volumes de Os donos do poder, *Raymundo Faoro realizou aquela que está entre as mais influentes das interpretações sobre o Brasil inspiradas na obra de Max Weber.*

FERNANDES, Florestan. **A revolução burguesa no Brasil**. Rio de Janeiro: Zahar, 1981. (Biblioteca de Ciências Sociais).

Tido como um dos principais cientistas sociais do Brasil e da América Latina, Florestan Fernandes utiliza nesse livro as categorias de Weber para a interpretação e caracterização da realidade brasileira no período anterior à expansão do capitalismo. Conferir especialmente a primeira parte do livro.

HOLANDA, Sérgio Buarque de. **Raízes do Brasil**. São Paulo: Companhia das Letras, 1995.

Nesse livro, que é considerado um clássico de interpretação histórica e sociológica do Brasil, o autor procura identificar qual a singularidade da formação social brasileira.

Atividades de autoavaliação

Leia as passagens de textos introdutórios a seguir para responder às questões de 1 a 5.

> Para o empregador moderno – assinala um sociólogo norte-americano – o empregado transforma-se em um simples número: a relação humana desapareceu. A produção em larga escala, a organização de grandes massas de trabalho e complicados mecanismos para colossais rendimentos acentuou, aparentemente, e exacerbou a separação das classes produtoras, tornando inevitável um sentimento de irresponsabilidade, da parte dos que dirigem, pela vida dos trabalhadores manuais. Compare-se o sistema de produção, tal como existia quando o mestre e seu aprendiz ou empregado trabalhavam na mesma sala e utilizavam os mesmos instrumentos, com o que ocorre na organização habitual da corporação moderna. No primeiro, as relações de empregador e empregado eram pessoais e diretas, não havia autoridades intermediárias. Na última, entre o trabalhador manual e o derradeiro proprietário – o acionista – existe toda uma hierarquia de funcionários e autoridades representados pelo superintendente da usina, o diretor-geral, o presidente da corporação, a junta executiva do conselho de diretoria e o próprio conselho de diretoria. Como é fácil que a responsabilidade por acidentes do trabalho, salários inadequados ou condições anti-higiênicas se perca de um extremo ao outro dessa série.

Fonte: Holanda, 1995.

> Consiste (o mutirão) essencialmente na reunião de vizinhos, convocados por um deles, a fim de ajudá-lo a efetuar determinado trabalho: derrubada, roçada, plantio, limpa, colheita, malhação, construção de casa, fiação, etc. Geralmente os vizinhos são convocados, e o beneficiário lhes oferece alimento e uma festa, que encerra o trabalho. Mas não há remuneração direta de espécie alguma, a não ser a obrigação moral em que fica o beneficiário de corresponder aos chamados eventuais dos que o auxiliaram. Este chamado não falta, porque é praticamente impossível a um lavrador, que só dispõe de mão de obra doméstica, dar conta do ano agrícola sem cooperação vicinal.

Fonte: Cândido, 1987.

1) Segundo Weber, qual seria o tipo de ação social predominante nos tipos humanos representados pelos acionistas e a hierarquia de funcionários e autoridades representadas pelo superintendente da usina, o diretor-geral, o presidente da corporação, a junta executiva do conselho de diretoria e o próprio conselho de diretoria?

   a) Ação social afetiva.
   b) Ação social racional com relação a valores.
   c) Ação social racional com relação a fins.
   d) Ação social tradicional.

2) A afirmação do autor de que a "relação humana desapareceu" entre o empregador e o empregado expressa:

   a) a desumanização das relações sociais decorrente da implementação dos processos impessoais e burocráticos.
   b) a desumanização acarretada pelo processo de secularização e desencantamento do mundo.
   c) a desumanização das relações provocada pelo processo de secularização e perda de sentido da vida.
   d) a desumanização provocada pela racionalização e acentuação da liberdade de mercado.

3) A afirmação segundo a qual "não há remuneração direta de espécie alguma, a não ser a obrigação moral com que fica o beneficiário de corresponder aos chamados eventuais dos que o auxiliaram" revela a presença:

   a) de uma visão de mundo que não é orientada segundo critérios impessoais no comportamento dos membros da comunidade rural retratada.
   b) de uma visão de mundo religiosa orientando o comportamento dos membros da comunidade rural no sentido do individualismo das sociedades capitalistas.
   c) da relação moral semelhante àquela que existe entre os empregados e empregadores citados por Sergio Buarque de Holanda.
   d) de uma visão de mundo materialista orientando o comportamento dos membros da comunidade rural retratada.

4) Com base no texto de Antonio Candido, assinale a alternativa **incorreta**:

   a) O mutirão é um tipo de prática social ligada à tradição e aos hábitos dos sitiantes brasileiros.

   b) O mutirão seria uma prática que reforça os laços comunitários, em detrimento do padrão individualista de vida.

   c) O sistema de produção próprio às comunidades que praticavam o mutirão já apresentava aspectos do avanço da burocracia na vida moderna, como uma divisão entre gerentes e trabalhadores manuais para garantir o alcance das metas estabelecidas.

   d) As relações de proximidade seriam próprias ao modo de vida que deu origem ao mutirão, o que indicaria uma certa dificuldade da população rural brasileira para se adaptar aos padrões impessoais de relacionamento específico das organizações capitalistas modernas, como as organizações retratadas pelo texto de Sérgio Buarque de Holanda.

5) Sobre a diferença entre o tipo de trabalho exercido pelo trabalhador manual, citado do texto de Sérgio Buarque, e aquele exercido no mutirão, seria correto afirmar que:

   a) o trabalho industrial envolve uma especialização e divisão do trabalho menos acentuadas que aquele realizado pelo mutirão. Além desse aspecto, a solidariedade e a identidade observadas entre os que estão envolvidos no trabalho da fábrica não são elementos essenciais para que o trabalho realizado pelos participantes do mutirão ocorra.

b) ambos os trabalhos são basicamente idênticos, não havendo diferenças fundamentais entre eles.

c) o trabalho industrial, como o trabalho em uma organização burocrática, envolve uma especialização e divisão do trabalho mais acentuadas que aquele realizado pelo mutirão. Além desse aspecto, a solidariedade e a identidade, observadas entre os que estão envolvidos no mutirão, não são elementos essenciais para que o trabalho realizado pelos operários da fábrica ocorra.

d) o trabalho na indústria é assalariado e o realizado no mutirão não é; a divisão do trabalho e a especialização são mais acentuadas entre os trabalhadores do mutirão.

6) De acordo com o relato a seguir, a forma de domínio exercida por Antonio Conselheiro seria um tipo de qual dominação?

> Para que vossa senhoria saiba quem é Antonio Conselheiro, basta dizer que é acompanhado por centenas e centenas de pessoas, que ouvem-no e cumprem suas ordens de preferência às do vigário da paróquia. O fanatismo não tem mais limites e assim é que adoram-no, como se fosse um Deus vivo.

Fonte: Cunha, 1984.

a) Tradicional.
b) Racional-legal.
c) Carismática.
d) Racional-legal e carismática.

7) Leia o passagem a seguir e assinale qual tipo de dominação corresponde à forma de domínio exercida por Bernardo Vieira de Melo:

> Nos domínios rurais, a autoridade do proprietário de terras não sofria réplica. Tudo se fazia consoante sua vontade, muitas vezes caprichosa e despótica. [...] Nesse ambiente, o pátrio poder é virtualmente ilimitado e poucos freios existem para sua tirania. Não são raros os casos como o de um Bernardo Vieira de Melo, que, suspeitando a nora de adultério, condena-a à morte em conselho de família e manda executar a sentença, sem que a Justiça dê um único passo no sentido de impedir o homicídio ou de castigar o culpado, a despeito de toda a publicidade que deu ao fato o próprio criminoso.

Fonte: Holanda, 1995.

a) Carismático.
b) Tradicional e carismático.
c) Racional-legal.
d) Tradicional.

Atividades de aprendizagem
Questões para reflexão

1) Faça um estudo sobre as características do patrimonialismo no Brasil.

2) Faça um estudo sobre as características e possibilidades do desenvolvimento da burocracia no Brasil.

Atividades aplicadas: prática

Leia a peça de teatro *O auto da Compadecida,* de Ariano Suassuna, ou assista ao filme homônimo, e identifique quais seriam as formas de dominação ali expressas.

SUASSUNA, Ariano. **O auto da Compadecida**. Rio de Janeiro: Agir, 2005.

O AUTO da Compadecida. Direção: Guel Arraes. Produção: Globo Filmes. Brasil: Columbia Pictures do Brasil, 2000. 104 min.

Referências

BARROS, J. A construção do PCC. **Caros Amigos**, São Paulo, ano 10, n. 28, maio 2006. Edição Extra.

BRAVERMAN, H. **Trabalho e capital monopolista:** a degradação do trabalho no século XX. Rio de Janeiro: Guanabara, 1987.

BUENO, E. Pública ladroíce. **Nossa História**, Rio de Janeiro, ano 1, n. 1, p. 62-67, nov. 2003.

CANDIDO, A. **Os parceiros do Rio Bonito**. São Paulo: Livraria Duas Cidades, 1987.

CASTRO, R. Dr. Mabuse perde. **Folha de São Paulo**, São Paulo, 25 ago. 2007.

CHAUÍ, M. **Convite à Filosofia**. São Paulo: Ática, 1999.

CLASTRES, P. **A sociedade contra o Estado**. São Paulo: Cosac & Naify, 2003.

COHN, G. **Crítica e resignação:** fundamentos da sociologia de Max Weber. São Paulo: T. A. Queiroz, 1979.

_____. Introdução. In: COHN, G. (Org.). **Max Weber**. São Paulo: Ática, 1982.

COLLIOT-THÉLÈNE, C. **Max Weber e a história**. São Paulo: Brasiliense, 1995.

CUNHA, E. da. **Os sertões**. São Paulo: Editora Três, 1984. (Biblioteca do Estudante).

DEL ROIO, M. **O Império universal e seus antípodas:** a ocidentalização do mundo. São Paulo: Ícone, 1998.

DIAS, R. **Sociologia e administração**. Campinas: Alínea, 2004.

DINIZ, E. **Globalização, reformas econômicas e elites empresariais**. Rio de Janeiro: FGV, 2000.

ENGELS, F.; MARX, K. **A ideologia alemã** (I - Feuerbach). São Paulo: Livraria Editora Ciências Humanas, 1982.

ERDELYI, M. F. Juiz que quer ser chamado de doutor recorre ao TJ do Rio. Disponível em: <http://www.conjur.com.br/2005-ago-30/tj_rio_decide_juiz_chamado_doutor>. Acesso em: 04 out. 2008.

FAORO, R. **Os donos do poder 1**: a formação do patronato político brasileiro. São Paulo: Globo, 1996.

_____. **Os donos do poder 2**: a formação do patronato político brasileiro. São Paulo: Globo, 2000.

FERNANDES, F. **Ensaios de sociologia geral e aplicada**. São Paulo: Pioneira, 1959. (Coleção Biblioteca Pioneira de Ciências Sociais).

_____. **A revolução burguesa no Brasil**. Rio de Janeiro: J. Zahar, 1981. (Coleção Biblioteca de Ciências Sociais).

FREUND, J. **Sociologia de Max Weber**. Rio de Janeiro: Forense Universitária, 1987.

GIDDENS, A. **Capitalismo e moderna teoria social**. Lisboa: Presença, 1994.

_____. **Política, sociologia e teoria social**. São Paulo: Unesp, 1998.

HOBSBAWM, E. J. **A Era dos impérios (1875-1914)**. Rio de Janeiro: Paz e Terra, 1998.

HOLANDA, S. B. de. **Raízes do Brasil**. São Paulo: Companhia das Letras, 1996.

MASSELLA, A. B. Epistemologia das ciências humanas: positivismo e hermenêutica – Durkheim e Weber. **Revista Brasileira de Ciências Sociais**, São Paulo, v. 20, n. 57, p. 189-194, fev. 2005.

MARX, K. **Sobre Proudhon**: carta de Karl Marx a J. B. Scheweitzer. Disponível em: <http://www.marxists.org/portugues/marx/1865/01/24.htm>. Acesso em: 04 out. 2008.

MAYER, J. P. **Max Weber e a política alemã**. Brasília: UNB, 1985.

NÉRÉ, J. **História contemporânea**. São Paulo; Rio de Janeiro: DIFEL, 1981.

NIETZSCHE, F. **Genealogia da moral**: uma polêmica. São Paulo: Companhia das Letras, 1999.

PIERUCCI, A. F. Secularização em Max Weber: da contemporânea serventia de voltarmos a acessar aquele velho sentido. **Revista Brasileira de Ciências Sociais**, São Paulo, v. 13, n. 37, p. 43-73, jun. 1998.

SCHELP, D. O fantasma das Farc ronda o encontro da esquerda latina em Montevidéu. Disponível em: <http://veja.abril.com.br/noticia/internacional/fantasma-farc-ronda-encontro-esquerda-latina-montevideu-340427.shtml>. Acesso em: 11 nov. 2008.

SIMIONATO, M. Matadores espalham medo em cidade do PA. Folha de São Paulo, São Paulo, 21 set. 2003. Disponível em: <http://www1.folha.uol.com.br/folha/brasil/ult96u53627.shtml>. Acesso em: 04 out. 2008.

SKIDMORE, T. Uma história do Brasil. Rio de Janeiro: Paz e Terra, 1998.

TOMAZI, N. D. Iniciação à sociologia. São Paulo: Atual, 1993.

TRAGTENBERG, M. Max Weber: vida e Obra. In: TRAGTENBERG, M. (Org.). **Max Weber:** Textos Selecionados. São Paulo: Abril Cultural, 1985. (Coleção Os Pensadores).

_____. Burocracia e ideologia. São Paulo: Unesp, 2006.

WEBER, M. A ética protestante e o espírito do capitalismo. São Paulo: Pioneira, 1996a.

_____. Economia y sociedad. México: Fondo de Cultura Económica, 1996b.

_____. Ensaios de sociologia. Rio de Janeiro: J. Zahar, 1971. (Coleção Biblioteca de Ciências Sociais).

_____. História geral da economia. São Paulo: Mestre Jou, 1968.

_____. Metodologia das Ciências Sociais: parte 1. São Paulo: Cortez; Campinas: Ed. da Unicamp, 1993.

_____. Metodologia das Ciências Sociais: parte 2. São Paulo: Cortez; Campinas: Ed. da Unicamp, 1995.

_____. Parlamentarismo e governo numa Alemanha reconstruída. São Paulo: Abril Cultural, 1985a. (Coleção Os Pensadores).

_____. Rejeições religiosas do mundo e suas direções. São Paulo: Abril Cultural, 1985b. (Coleção Os Pensadores).

Respostas

Capítulo 1

Atividade de autoavaliação

1) B
2) C
3) A
4) A
5) D

Atividade de aprendizagem

Questões para reflexão

1) Entre os acontecimentos significativos do período mencionado, temos a disputa imperialista por mercados e territórios entre as principais nações europeias, o que desemboca na Primeira Guerra Mundial (1914-1918). Para inserir-se nessa disputa, a Alemanha promove a sua unificação interna e o seu desenvolvimento capitalista industrial, visando a seu fortalecimento como nação e potência imperialista, o que foi feito inicialmente sob a liderança de Bismarck.

Do ponto de vista social, temos a ascensão do movimento operário por toda a Europa, fenômeno que acompanhava o desenvolvimento do capitalismo industrial em escala internacional. Entre as várias questões postas pelo movimento operário, temos: a luta por direitos (sufrágio universal, diminuição da jornada de trabalho) e a proposição de uma sociedade socialista.

Culturalmente, há o surgimento do expressionismo alemão (que teve seu auge em 1920), tendência artística manifestada em vários campos da arte que refletiam as angústias trazidas pelos acontecimentos políticos e sociais da época.

2) Bismarck representava uma transformação política e social conduzida de forma conservadora, por vezes ditatorial, na qual as antigas classes dominantes oriundas do mundo agrário mantinham posições privilegiadas no Estado alemão. Algumas das consequências políticas da forma de governar de Bismarck que mais marcaram a obra de Weber foram a derrota do liberalismo na Alemanha e a formação de um ambiente político que permitiu a ascensão da burocracia ao poder do Estado, impedindo a formação de lideranças capazes de conduzirem o país frente a desafios nacionais e internacionais bastante complexos.

Capítulo 2
Atividade de autoavaliação
1) D
2) C
3) A
4) D
5) A

Atividade de aprendizagem

Questões para reflexão

1) Em relação às afinidades entre Weber e Nietzsche, podemos ressaltar a conclusão de ambos sobre a impossibilidade de a ciência conferir sentido à vida humana. Outro aspecto de proximidade, como ressalta Cohn (1979), é um distanciamento pessoal durante a análise, embora em nenhum deles essa postura signifique falta de paixão pelo conhecimento, e sim o contrário. Nobre (2003) também ressalta uma compatibilidade na noção de cultura presente nas obras de Weber e de Nietzsche e na interpretação crítica por eles feita em relação à cultura do mundo moderno. No entanto, não deve ser desconsiderado nessa relação de afinidade o fato fundamental de que Weber buscava constituir uma linha própria de interpretação do mundo moderno e que, apesar de ser um leitor e admirador da obra de Nietzsche, diferenciava-se deste em outras questões fundamentais, como nas respostas éticas defendidas diante dos dilemas da vida moderna (Nobre, 2003). Por outro lado, para Nietzsche, o posicionamento do filósofo é diferente do que Weber defende para o cientista. Como ressalta Cohn, "Nietzsche está disposto a ir até o fim, e reivindicar para o filósofo a condição de **legislador**, que é exatamente o que Weber quer vedar ao cientista" (Cohn, 1979, p. 106).

2) Diferentemente da teoria do conhecimento de Kant, à qual Weber se vincula, em que conceito e realidade são entendidos como coisas distintas, para a perspectiva dialética de

Hegel o conceito, "em sua acepção mais ampla, é o próprio real no seu processo de constituição, ou então cada manifestação particular do conceito capta um momento desse processo." (Cohn, 1979, p. 116). Assim, a interpretação de Hegel distingui-se da de Kant por entender que a relação entre o sujeito e o objeto do conhecimento, entre ciência e realidade, entre teoria e prática, são partes de uma mesma totalidade.

Karl Marx está entre aqueles que incorporaram a dialética a seu modo de interpretar a realidade observada, embora introduzindo modificações e avanços em relação ao pensamento de Hegel. Para Marx, a interpretação está diretamente ligada à transformação da realidade, o que significa a união entre teoria e prática. Weber não concebe essa mesma relação entre pensamento e realidade, teoria e prática, pois para ele o conhecimento sociológico não está diretamente vinculado a um projeto de transformação da realidade.

Capítulo 3
Atividade de autoavaliação

1) B
2) B
3) D
4) C
5) B

Atividade de aprendizagem

Questões para reflexão

1) Tanto o idealismo quanto o materialismo são correntes filosóficas de longa tradição e que assumiram diferentes

interpretações ao longo da história, podendo ser localizadas suas origens no pensamento filosófico grego anterior a Cristo. A concepção materialista admite como realidade apenas a matéria, enquanto o idealismo concebe a realidade como produto do entendimento, da consciência.

Para o entendimento da obra de Weber, é importante salientarmos que a corrente idealista que mais o influenciou foi a de Kant e a corrente materialista à qual se opôs foi o materialismo histórico dialético criado por Karl Marx.

Como sugestão bibliográfica para o estudo dessas questões, propomos a leitura de *A ideologia alemã*, de Karl Marx e Friedrich Engels.

2) Para alguns autores, como Tragtenberg, o idealismo de Weber pode ser percebido na própria opção metodológica do autor, que interpreta a realidade social a partir de conceitos típico-ideais, recurso de análise construído idealmente pelo próprio pesquisador. Nesse sentido, a análise sociológica não expressa a realidade em si, mas apenas os aspectos ressaltados pela consciência do pesquisador.

Os autores, tais como Giddens, que se recusam a conceber Weber como um autor idealista salientam que a análise dele não se reduz a explicar a complexidade das relações sociais com base em origens materiais, principalmente se estas forem identificadas unicamente a origens econômicas, como no materialismo vulgar.

Capítulo 4

Atividade de autoavaliação

1) B
2) A
3) D
4) B
5) A

Atividade de aprendizagem
Questões para reflexão

1) Dentre os tipos ideais construídos nessa obra, poderíamos destacar: luteranismo, calvinismo, pietismo, metodismo e as seitas batistas. Todos eles expressam a singularidade de movimentos religiosos que desenvolveram uma ética vocacional própria para orientar o comportamento de seus integrantes perante a vida.

2) Entre os tipos de dominação propostos por Weber, é a dominação carismática a que tem uma vinculação direta com a mudança social. A dominação racional-legal e a tradicional expressariam as formas de organização estáveis, como a burocracia ou uma estrutura patrimonial. A dominação, nesses dois casos, atua no sentido de garantir as hierarquias e manter as relações de poder no interior da organização. No caso do domínio carismático, como ressalta Weber, seu caráter é extracotidiano, colocando-se contra as formas estabelecidas de poder. A liderança carismática revela a capacidade e a liberdade do indivíduo de optar por valores diferentes daqueles que são hegemônicos em uma

sociedade, influenciando outros a seguirem seus ideais. Tal fator pode, em última instância, levar a uma modificação nas instituições e organizações estabelecidas à medida que os indivíduos deixam de orientar sua conduta em conformidade com regras vigentes – sejam estas baseadas na tradição ou sejam racional e legalmente estabelecidas.

Capítulo 5

Atividade de autoavaliação

1) D
2) B
3) B
4) D
5) D

Atividade de aprendizagem

Questões para reflexão

1) O elemento fundamental a ser considerado nessa questão é que, para Max Weber, a opção por um valor é estritamente uma escolha do indivíduo, ou seja, a ciência não tem condições de indicar qual valor moral é correto ou não. Por isso, o ensino da ciência envolve a transmissão das técnicas e métodos necessários à investigação dos problemas que interessam ao pesquisador. Sendo assim, aquele que transmite o conhecimento não deve impor seus valores ou pontos de vista pessoais. Conforme Weber afirma no seu texto *A ciência como vocação*, o lugar do profeta não é na sala de aula, mas na praça pública.

2) Não. Conforme revela a própria trajetória de Max Weber, toda a reflexão sociológica por ele desenvolvida esteve ligada às questões políticas, sociais, culturais e econômicas que marcaram a Alemanha e o mundo em seu tempo. Podemos conceber que para Weber o papel fundamental da sociologia é o de esclarecer os homens sobre o significado de suas opções em cada momento da história. Portanto, o conhecimento sociológico está intimamente ligado ao debate público. Estaria vedado ao sociólogo ou ao cientista em geral indicar qual o caminho a ser seguido pelos homens ou pela sociedade, o que interferiria na liberdade de escolha.

Capítulo 6

Atividade de autoavaliação

1) C
2) D
3) D
4) A
5) D
6) C

Atividade de aprendizagem

Questões para reflexão

1) Weber tende a identificar no avanço da burocracia, marca do processo de racionalização, uma das principais ameaças à liberdade individual, pois o processo de burocratização tende a instituir um sistema de controle com tendências despóticas sobre os indivíduos, impedindo, por exemplo, a formação de lideranças políticas e empresariais. O trecho a seguir esclarece a visão de Weber a respeito da "dominação do modo de vida burocrática":

Imaginemos as consequências da burocratização e racionalização generalizadas a que assistimos hoje. O cálculo racional (Rechenhatigkei) já é manifesto ao nível da empresa privada e de todos os empreendimentos feitos em linhas modernas. Dessa maneira, o desempenho do trabalhador individual é matematicamente medido e cada homem vira uma peça na engrenagem, tendo por única preocupação tornar-se uma peça importante [...] O problema com que nos defrontamos agora não é: como mudar o rumo dessa evolução? – porque isso é impossível, mas: qual será seu resultado? Admitimos de bom grado que haja homens honrados e capazes no topo de nossa administração; e que, apesar das exceções, essas pessoas tenham oportunidades para ascender na hierarquia oficial, da mesma maneira que as universidades, a despeito das exceções, afirmam ser uma oportunidade para a seleção do talento. Mas por horrível que seja a ideia de que o mundo venha a ser povoado de professores – e eu me retiraria para uma ilha deserta se isso acontecesse – ainda é mais terrível pensar que ele possa um dia ser povoado de pequenos robôs, homenzinhos agarrados aos seus insignificantes empregos e lutando por outros melhores – um estado de coisas que veremos novamente, como no tempo dos egípcios, desempenhando papel crescente em nosso sistema administrativo e no espírito dos estudantes. Essa paixão pela burocracia, como já ouvimos dizer, é o bastante para nos levar ao desespero. É como se, em política, o espectro da timidez – que, de qualquer maneira, sempre foi um motivo de confiança para os alemães – ficasse sozinho no leme, como se nos tornássemos pessoas que precisam da "ordem" pela ordem e entram em pânico se essa ordem é ameaçada. E dizer que o mundo conhecerá apenas esse tipo de homem! Estamos presos numa situação que caminha para isso, de modo que a questão não é como promover e apressar esse processo, mas, ao contrário, como opor resistência para preservar a humanidade desse amesquinhamento da alma, dessa dominação do modo de vida burocrático. (Weber citado por Mayer, 1985, p. 94)

2) Na obra de Weber, o desencantamento do mundo refere-se à oposição às formas mágicas como meio de salvação da alma. Trata-se também de um processo que percorre um largo tempo histórico e é impulsionado pelas grandes religiões mundiais. Um passo decisivo na civilização ocidental rumo ao desencantamento do mundo foi dado com a difusão cultural da tradição judaico-cristã e sua crença em um único Deus. Para a época contemporânea, a influência decisiva no sentido do desencantamento do mundo vem com os movimentos religiosos provenientes da Reforma Protestante do século XVI, particularmente do protestantismo ascético, expresso em quatro principais correntes apresentadas sob a forma de tipos ideais por Weber: o calvinismo, o metodismo, o pietismo e as seitas batistas. Nelas, Weber destaca o desenvolvimento de uma doutrina da predestinação que impelia os seus seguidores a um tipo de conduta ascética. Na doutrina de Calvino, temos uma concepção totalmente centrada em Deus, em que apenas uma parcela da humanidade foi por Ele eleita para elevar sua glória e majestade na Terra. O deus de Calvino não é "humano" e compreensivo, mas um ser distante dos homens, transcendental, cujos desígnios são incompreensíveis ao conhecimento humano e que de antemão já decidiu o destino de cada um na vida terrena e elegeu aqueles que após a morte terão sua salvação eterna.

Capítulo 7

Atividade de autoavaliação

1) C
2) A
3) A
4) C
5) C
6) C
7) D

Atividade de aprendizagem

Questões para reflexão

1) Na literatura que trata do assunto, há divergências sobre quais seriam os aspectos principais do patrimonialismo na história brasileira. Ao menos duas tendências podem ser identificadas: primeiro, a corrente de autores que considera ter sido formado no Brasil um Estado patrimonial, de origem ibérica, extremamente centralizador, com características fortemente autoritárias e próximo de um estilo de dominação tradicional, como a praticada no Oriente; segundo, a corrente que visualiza o patrimonialismo nas relações de dependência pessoal estabelecidas na esfera privada, especialmente no mundo agrário, durante a vigência do escravismo no Brasil, a chamada *ordem senhorial escravocrata*. Entre os representantes da primeira interpretação, temos Raymundo Faoro (*Os donos do poder*). Já na segunda corrente, temos Florestan Fernandes (*A revolução burguesa no Brasil*) e Maria Silvia de Carvalho Franco (*Homens livres na ordem escravocrata*).

Para o aprofundamento dessa questão, sugerimos o texto *Weber e a interpretação do Brasil*, de Luiz Werneck Vianna, disponível em: <http://www.acessa.com/gramsci/?page=visualizar&id=85>.

2) Há vários estudos realizados sobre a burocracia no Brasil, abordando tanto aspectos históricos quanto contemporâneos dessa forma de organização. Como exemplo de um estudo inspirado em Weber, sugerimos aqui a leitura da análise feita sobre o tema por Sérgio Buarque de Holanda em seu livro *Raízes do Brasil*, no qual o autor procura demonstrar, por meio da construção de tipos ideais, que o padrão de relações pessoais oriundo do mundo agrário no país atuava como um obstáculo à consolidação de um modelo de organização hierárquico e impessoal, ou seja, burocrático.

Nota sobre os autores

Ricardo Lima é mestre em Ciências Sociais pela Universidade Estadual Paulista (Unesp) (2003). Atua em Brasília como professor de ciências sociais no ensino superior desde 2002, especialmente na área de sociologia.

Ana Carolina Silva Ramos e Silva é bacharel em Ciências Sociais pela Unesp e mestranda em Sociologia pela Universidade Federal de Goiás (UFG). Tem experiência na área de ciência política, com ênfase em estudos da realidade política colombiana, especialmente no que diz respeito à formação do movimento armado naquele país.

Impressão:
Abril/2015